ENCORE DES POURQUOI

Du même auteur :

Le Dico français/français, éd. J.-C. Lattés.

Pourquoi ? Le Livre des Pourquoi, éd. J.-C. Lattés.

Le Dico des paradoxes, éditions Canal +.

Philippe Vandel

ENCORE DES POURQUOI

JCLattès

Dessins de Cabu

Mise en page : Bleu T

Sauf erreur, je ne
me trompe jamais.
Alexandre VIALATTE

Celui qui parle ne sait pas,
celui qui sait ne parle pas.
LAO-TSEU

AVANT-PROPOS

Encore des Pourquoi. Pourquoi ?

Parce que personne n'en viendra jamais à bout.

Au hasard ; vous poireautez à Orly. Pourquoi même le premier avion du matin est-il en retard ? Pourquoi les coups de foudre ne durent-ils pas éternellement ? (De toute façon, une voyante vous avait prédit que ça ne durerait pas.) Pourquoi lit-on l'avenir dans les lignes de la main ?

L'avion décolle enfin. Pourquoi les hôtesses de l'air ne sont-elles plus aussi jolies qu'avant ? Votre compagnon de vol, vieux notaire de province, essayera quatre fois de suite de vous l'expliquer. Au fait, pourquoi ceux qui ont mauvaise haleine ne s'en rendent-ils pas compte ? Et pourquoi les personnes âgées ont-elles tendance à radoter ?

C'est la raison d'être de ce recueil. Répondre méthodiquement aux questions que tout le monde se pose. Toutes les questions.

En publiant la première édition des POURQUOI, jamais nous n'aurions imaginé rencontrer un tel écho auprès du public. Le plus réjouissant fut le courrier reçu à l'occasion.

Un garnement de neuf ans m'écrit : « Pourquoi ma sœur jumelle Delphine est meilleure que moi à l'école, alors qu'en vrai, elle est bêtasse ? » Un fétichiste (sous pli discret) : « Pourquoi les culottes Petit Bateau s'appellent-elles *Petit Bateau*? » Un citadin émigré à la campagne : « Pourquoi le coq chante-t-il si tôt le matin ? » Un pilier de bar : « Pourquoi le mélange eau/pastis est-il opaque alors que ces deux liquides sont transparents ? »

Des questions tellement complexes ou saugrenues que nous n'osions les poser dans le premier tome des POURQUOI. Et d'autres, essentielles au point de les avoir oubliées : pourquoi la nuit est-elle noire ? Ne riez pas. Exposée ici sur trois pages, l'explication globale aurait pu remplir tout le bouquin.

Une fois encore, nous avons emprunté aux plus grands, contacté les spécialistes, compulsé frénétiquement les encyclopédies les plus épaisses. Nous n'avons rien inventé. Nous citons humblement nos sources en fin d'ouvrage. N'hésitez pas à les consulter.

Il n'est pas indispensable de décliner tous les POURQUOI d'une seule traite et dans l'ordre. Le bon sens recommande de prendre son temps pour assimiler les nouveautés : choisir, picorer, et s'amuser au passage.

Jusqu'à preuve du contraire…

Les habitués des POURQUOI connaissent bien cette formule, qui étonne le profane et terrifie le dogmatique. Newton avait raison. Mais pas pour l'éternité. Jusqu'à ce qu'Einstein échange sa pomme tombée de l'arbre contre un proton catapulté à la vitesse de la lumière. Tout est relatif. Einstein lui-même n'a jamais professé $E=mc^2$… Mais plutôt : « $E=mc^2$ jusqu'à preuve du contraire ». Tant de modestie confond l'esprit.

Mille questions restent ouvertes. En voici trois au

hasard : pourquoi le bâillement est-il contagieux ? Pourquoi les banques ont-elles des horaires d'ouverture réduits ? Pourquoi les cochons ont-ils la queue en tire-bouchon ?

Ces mystères nous dépassent.

Jusqu'à preuve du contraire…

POURQUOI A-T-ON QUALIFIÉ DE “BABAS” LES DERNIERS HIPPIES ?

Ah dur, dur !

Vous savez tous à quoi ressemble un baba. Vu de loin, il a le cheveu long ; vu de près le poil s'avère gras, le jean sale d'un an, sous un œil torve où flotte une stupéfiante lueur d'espoir. A jeun évidemment.

S'il a fumé, le baba vous confond au pire avec une vache de montagne, au mieux prend ses désirs pour des réalités, puis se jette avec certitude du haut de la fenêtre pour planer tel le goéland.

Voici sommairement l'esquisse et les mœurs du dernier baba.

Mais pourquoi ce nom ? Quel rapport avec une délicieuse pâtisserie au rhum ?

Aucun.

Quand les hippies sont apparus sur terre, à l'orée des années 60, les premiers spécimens ont voulu voyager pour connaître le monde, à commencer par l'Orient, puis l'Inde en passant par Katmandou.

Forcément, en Inde, le hippie ne connaissait personne et personne ne le connaissait. Si bien que lorsque quelqu'un voulait lui parler, sans connaître son nom, il l'appelait « homme » tout simplement (comme en France on dirait Monsieur). Et « homme », en grande banlieue de Katmandou, se dit « baba ».

Namasté baba ?: Comment vas-tu homme ?

Les hippies en ont déduit que ce terme désignait leur espèce, qu'ils étaient des « babas ». De quoi le rester, justement.

Jusqu'à preuve du contraire…

POURQUOI LES CHIENS REMUENT-ILS LA QUEUE?

Vous connaissez le cliché : le cabot qui remue la queue signifie par là qu'il est un chien-chien heureux et satisfait. Inversement, un chat qui remue la queue serait mécontent de son sort.

Erreur ! Double erreur !

Nos deux bêtes à poil ont au contraire un point commun : elles remuent la queue quand elles subissent un conflit. Je m'explique.

Lorsqu'un animal est en situation de conflit, il se sent attiré par deux directions opposées. Concrètement, il veut à la fois avancer, et reculer ; tourner à droite, et en même temps à gauche ; ou alors rester là, et déguerpir. Etant donné que chaque impulsion annule la précédente, l'animal demeure sur place, mais dans un état de tension (un peu ce qui nous arrive quand nous sommes très énervé, et que nous faisons les cent pas).

Revenons aux chiens, avec un exemple. Quand les nouveau-nés tètent leur mère, ils ne remuent pas la queue. Pas avant quatre à six semaines. Pourquoi ? Parce que c'est à cet âge-là qu'une nouvelle difficulté surgit dans l'univers du toutou. Le chiot est ravi de téter, mais en même temps, il doit se battre avec ses frères et sœurs qui sont devenus assez costauds pour lui piquer sa tétine. D'où conflit.

Plus tard, Médor remue la queue quand il retrouve son maître. A la fois heureux parce que c'est lui qui le nourrit, mais méfiant parce qu'il le craint. Dans le même temps, il a envie de lui lécher le menton de joie, mais il devine qu'à se rendre trop démonstratif, il peut ramasser un coup de journal.

Alors, c'est la queue qui exprimera la dualité de ses pulsions de base, comme souvent chez la bête.

Jusqu'à preuve du contraire…

POURQUOI LE SON DES PUBLICITÉS PARAÎT-IL SI FORT À LA TÉLÉVISION?

Vous l'avez remarqué en regardant votre feuilleton favori. Le héros susurre des mots doux à l'oreille d'une créature de rêve enamourée.

Quand soudain : pub !

« Quand on est jeune ! On aime le Fun ! » « Balisto, c'est dans le coup, c'est différent, c'est pas pareil. » Ça hurle dans les oreilles ! D'accord, l'ineptie des chansons et des slogans y est pour beaucoup, mais on a par-dessus le marché la désagréable impression que ces réclames sont bien plus bruyantes que le feuilleton qu'elles saucissonnent.

Erreur : ce n'est pas une impression, c'est la vérité.

D'abord, le son des publicités est ainsi fait qu'il occupe mieux l'espace électro-acoustique. La dynamique est réduite : le signal culmine presque toujours à son niveau maximum. Concrètement, si une femme chuchote dans un film, vous devrez tendre l'oreille. Si elle chuchote dans une pub, l'ingénieur du son aura poussé le niveau d'enregistrement pour qu'elle soit aussi audible que si elle criait.

Ensuite, la plupart des chaînes de télévision diffusent leurs publicités avec un accroissement sonore de 3 à 6 décibels. Le CSA (Conseil Supérieur de l'Audiovisuel) a calculé : si nous avons l'habitude de regarder la télévision à trois mètres de l'écran, pour conserver un volume sonore égal, nous devrions reculer à douze mètres pendant les pubs !

Pourquoi ? Comment en est-on arrivé là ? C'est tout simple. Une chaîne a commencé pour faire plaisir à ses annonceurs, et les concurrentes ont bien été obligées d'en faire autant si elles voulaient conserver leurs contrats.

Le plus regrettable, c'est que la technologie ne permet pas de pousser le son indéfiniment. En réalité, les techniciens n'augmentent pas le son des pubs, mais *ils abaissent celui des programmes*. Du coup, seules les réclames sont diffusées avec la qualité sonore satisfaisante. Le reste du temps, le son reste médiocre, avec trop de souffle et pas assez de dynamique.

Mais ceci, les publicitaires s'en moquent. Ils préfèrent nous vendre des téléviseurs plutôt que de nous apprendre à nous en servir.

Jusqu'à preuve du contraire...

POURQUOI LES MARINS ONT-ILS UN GRAND COL BLEU? ET POURQUOI UN POMPON ROUGE?

Vous avez déjà admiré les gars de la marine dans leur bel uniforme : ils sont en blanc, de la tête aux pieds, avec au sommet, un immense col bleu qui entoure leurs épaules musclées. Raffinement ultime, quelques liserés blancs tracent le dessin de ce col.

Mais au fait : pourquoi est-il bleu ? Et pourquoi si large ?

Le col bleu remonte au temps où les hommes portaient les cheveux longs. Pas en 68, mais à l'âge d'or des pirates et des corsaires, il y a plusieurs siècles. A l'époque (déjà !), les marins n'échappaient pas à la mode. Ils portaient donc les cheveux longs. Et sales !

Or la lessive, sur les bateaux, cela n'était pas leur point fort. Alors, pour ne pas avoir à laver trop souvent l'uniforme blanc, qui se retrouvait très vite gris dans le haut du dos, on a rajouté un grand col, indépendant du costume. Quand il était sale, on le retirait pour le remplacer par un tout propre, grâce à un système rudimentaire de pressions.

Vous allez me dire : Le col bleu, c'est bien joli ; mais pourquoi les marins arborent-ils fièrement un pompon rouge au sommet du béret, telle une cerise sur une tarte meringuée ?

L'explication réside (une fois de plus) dans le côté pratique de la chose.

Le pompon au sommet du crâne empêchait tout simplement les marins de se faire mal quand ils se cognaient la tête à l'entrepont ou aux portes de cabines particulièrement basses.

Dans les premiers temps, les marins tricotaient eux mêmes non seulement leur pompon mais aussi leur bonnet de travail. D'abord de toutes les couleurs. Et c'est un décret officiel du 27 mars 1858 de la marine française qui a ordonné que tous les pompons soient désormais rouge. Garance exactement. La discipline avant tout.

Jusqu'à preuve du contraire…

POURQUOI, QUAND ON CHERCHE UN ANNUAIRE À LA POSTE, ILS Y SONT TOUS, SAUF CELUI QU'ON CHERCHE ?

Vous l'avez remarqué un jour en voulant téléphoner dans un autre département ; au hasard l'Aveyron.

Vous êtes à la poste. Et à la poste, ils ont les annuaires de *tous* les départements, une centaine. Donc à plus forte raison celui de l'Aveyron.

Vous les passez tous en revue : Ariège, Cantal, Isère, Jura, Hautes-Alpes, Savoie, etc. Impossible de mettre la main sur l'Aveyron. Remarquez, vous auriez pu vouloir le Morbihan, le résultat eût été le même : ils y sont tous, sauf celui que vous cherchez. A chaque fois !

Pour quelle raison ?

Contrairement aux apparences, le problème ne vient pas des autres usagers qui ce jour-là voulaient comme par hasard téléphoner eux aussi à leur oncle du Morbihan où à leur tante de l'Aveyron. Encore moins du système de classement des PTT.

En fait, c'est *vous*, le problème. Plus précisément votre mémoire.

Car la mémoire est sélective. Elle ne répertorie que les événements marquants. Le jour où vous êtes venu chercher un numéro dans l'annuaire du Var et que vous l'avez trouvé du premier coup, vous êtes aussitôt passé à autre chose et votre mémoire n'a rien enregistré. En revanche, le jour où cette opération vous a pris un quart d'heure, là oui, vous l'avez senti passer, et vous vous en souvenez.

C'est exactement ce qui se produit au volant, quand on a l'impression que tous les feux passent au rouge quand on leur arrive dessus. Le jour où tous les feux sont verts, personne n'y fait attention, pas même les chauffards.

Jusqu'à preuve du contraire…

POURQUOI LA FUSÉE ARIANE DÉCOLLE-T-ELLE DE KOUROU?

Vous le savez comme moi. Le pas de tir de la fusée européenne se situe à Kourou, en Guyane. Pourquoi là bas, et pas ailleurs ?

Vous allez me dire : parce que la Guyane est française et qu'Ariane est européenne. D'accord, mais Londres aussi, c'est en Europe.

Deuxième explication : parce qu'à Kourou, le climat est doux. D'accord. Mais à Séville aussi il fait bon en février.

Parce qu'il y a peu d'habitations ? Certes. Mais dans le Larzac, vous croyez qu'on se marche sur les pieds ?

Bref ; pourquoi être allé aussi loin ? C'est pas la porte à côté, la Guyane, il faut bien compter 8000 kilomètres depuis Paris, sans compter la bretelle d'accès au périphérique. Eh bien, c'est paradoxalement en s'installant près de l'équateur qu'on fait des économies. Mais pas celles qu'on croit.

La plupart des satellites lancés de nos jours sont géostationnaires, c'est-à-dire qu'ils restent à la même place au-dessus de la terre, au-dessus de l'équateur exactement. Or, une base de lancement proche de l'équateur permet l'envoi direct de satellites situés quasiment dans le plan de l'équateur.

Kourou n'est qu'à 5° de l'équateur, ce qui occasionne une diminution des performances de seulement 1% d'énergie par rapport à la situation idéale. A titre de comparaison, Cap Canaveral, qui se trouve à 28°, fait perdre 27% de rendement aux Américains. Et la base russe de Baïkonour, située à 46° leur coûte 55% de déficit énergétique.

55% de pertes, c'est ce que nous aurions nous aussi subi si nous avions lancé Ariane depuis Aix-en-Provence par exemple. Profitons-en. On ne fait pas tous les jours mieux que les Russes et les Américains.

Jusqu'à preuve du contraire…

POURQUOI L'AMÉRIQUE S'APPELLE-T-ELLE L'AMÉRIQUE, ALORS QUE C'EST CHRISTOPHE COLOMB QUI L'A DÉCOUVERTE ?

Vous le savez : c'est Christophe Colomb qui a découvert le Nouveau Monde. Et pourtant on l'appelle l'Amérique. Alors question : pourquoi l'Amérique ne s'appelle-t-elle pas la Colombie, justement ?

Réponse évidente : parce que Colomb s'était trompé. Il n'a pas donné son nom à la nouvelle terre, puisqu'il pensait avoir seulement découvert une autre route pour l'Asie.

Mais alors pourquoi « L'Amérique » ? A cause d'une seconde erreur, celle du cartographe Waldseemüller. En 1507 (soit quinze ans après la découverte de Colomb), Waldseemuller publie à

Strasbourg une carte du monde qui comporte quatre continents. Ils les a baptisés — en latin — « Europa », « Asia », « Africa », et « America ». Pourquoi America ? Parce qu'il pensait, à tort, que ce continent avait été découvert par le navigateur d'origine florentine Amerigo Vespucci. En effet, ce diable d'Amerigo s'était attribué la paternité de la découverte en antidatant des lettres et des compte rendus de voyage. Tricheur !

Waldseemuller réalise son erreur en 1513. Aussitôt, il publie une carte où le Nouveau Monde s'appelle cette fois « Terra Incognita ». Mais il est trop tard. Le mot America a presque fait le tour de la planète.

Car les mots voyagent plus vite que les bateaux.

Jusqu'à preuve du contraire…

POURQUOI LA TRANCHE DES LIVRES DE POCHE EST-ELLE COLORÉE ?

Vous avez certainement dans votre poche un Livre de Poche. Ça tombe bien, c'est justement là qu'on a besoin de lui. Attention ! je ne parle pas des collections *J'ai lu*, *Folio*, ou *Presses-Pocket*, mais du véritable *Livre de Poche* qui a fêté il y a peu ses 40 ans.

Observez-le : sa tranche est colorée, orange, rouge, vert, ou jaune le plus souvent. Le genre de décoration inutile, qui n'en rajoute guère au chapitre majesté et sérieux. Alors pourquoi ces fioritures ?

Le premier *Livre de Poche* est sorti en février 1953. Le concept bouleversait les habitudes de la librairie traditionnelle. Au lieu des anciens rayonnages de bois, les *Livres de Poche* étaient placés sur des présentoirs où ils pouvaient rester pendant des mois. Innovation : ces présentoirs étaient montés sur roulettes, si bien que les commerçants les sortaient sur le trottoir pour aguicher le passant.

Or, à force de rester dehors, la tranche des bouquins avait tendance à jaunir. C'est pourquoi on eut l'idée de la colorer. Impossible alors de se rendre compte de son vieillissement aux intempéries. D'autant plus que les couleurs varient. Rien ne ressemble davantage au jaune qu'un orange un peu passé.

Et c'est ainsi que près de quatre millions de lecteurs ont acheté *Le Grand Meaulnes* comme s'il s'agissait de la dernière nouveauté.

C'est mieux ainsi. Les grandes œuvres ne prennent pas de rides.

Jusqu'à preuve du contraire…

POURQUOI LES COQS CHANTENT-ILS LE MATIN ?

Vous l'avez remarqué il y a quelques minutes si vous avez la chance d'habiter la campagne. Le matin, le coq chante.

Pour quelle raison ?

Pourquoi le coq, et pas la poule ?

Pourquoi chante-t-il au lieu d'aller bosser ?

Et pourquoi le matin (alors que ça empêche le voisinage de dormir) ?

Ne me dites pas que c'est justement parce que ça

réveille tout le monde à la ferme et que c'est bien pratique. Car même en liberté, le coq chante le matin. C'est ce qui le distingue du radio-réveil.

En réalité, les ornithologues ont découvert que le coq chante pour délimiter son territoire. Autrement dit : le territoire du coq s'étend jusqu'aux endroits où les autres coqs ne peuvent plus l'entendre. Et pourquoi ces chants d'avertissement ont-ils lieu le matin ? Parce que c'est le moment de la journée où les coqs sont les plus actifs. J'ai bien dit les coqs, et non les poules.

Parce que dans la journée, le coq continue de chanter. Mais d'une manière moins agressive, car il s'adresse à ses femelles. C'est pour leur faire savoir qu'il est bien là, et qu'il les protège. Il maintient ainsi le contact entre les membres de la volée.

On le comprend. Les poules, ça demande du soin et de l'attention.

Jusqu'à preuve du contraire…

POURQUOI Y A-T-IL UN BALCON AU DEUXIÈME ÉTAGE DES BEAUX IMMEUBLES PARISIENS ?

Vous l'avez remarqué en levant la tête : les beaux immeubles de Paris, ces mastodontes en pierre de taille construits entre le milieu du XIXe siècle et le début du XXe comportent presque tous un balcon au deuxième étage. Parfois au troisième, ou au premier. Et plus rarement encore au quatrième et au cinquième.

Pour quelle raison saugrenue les balcons poussent-ils de préférence au deuxième étage ?

Les immeubles haussmaniens furent bâtis suivant une hiérarchie très forte. Le rez-de-chaussée était consacré au commerce, et l'entresol (généralement assez bas de plafond) au logement du commerçant. L'étage juste au-dessus, le deuxième vu de la rue, était *l'étage noble*, occupé par le propriétaire de l'immeuble. Pourquoi le deuxième ? Parce que l'ascenseur n'existait pas.

Ensuite, les étages supérieurs, du troisième au sixième, étaient dévolus aux locataires de l'immeuble. Enfin, sous les toits, les chambres de bonne abritaient, je vous le donne en mille, les bonnes.

Mais cela ne répond pas à la question : pourquoi les propriétaires se faisaient-ils construire des balcons, à l'ombre, au deuxième étage, alors que plus le balcon est bas, moins il reçoit de soleil ? (De toute façon, les bourgeois préféraient se terrer tranquillement chez eux, plutôt que de se montrer au yeux du petit peuple de la rue.)

Alors ? Pour un motif tout simple : la tranquillité. C'est que le balcon en pierre protégeait l'appartement des bruits de la rue. Il servait d'isolant acoustique à l'époque où la Harley Davidson n'existait pas pour frimer, et où le seul à troubler un couteau à la main la quiétude du crépuscule était le rémouleur ambulant.

Bien avant l'invention du hard-rock. Même après 22 heures.

Jusqu'à preuve du contraire…

POURQUOI LA FEMELLE DU CHAT CRIE-T-ELLE PENDANT L'ACCOUPLEMENT?

Vous avez déjà vu un chat et une chatte sceller furieusement leur union l'un sur l'autre, après des semaines de parade amoureuse.

A la différence des colombes et des tourtereaux qui roucoulent en cœur, il saute aux yeux que

Madame La Chatte n'apprécie pas du tout la visite intime de Monsieur Le Chat. Elle grogne, elle crie, elle griffe, elle a hâte que ça se termine. Manifestement elle souffre.

Comment cela se fait-il ? Ne me dites pas que les chats ont des mœurs sado-maso…

Contrairement aux femmes qui peuvent être fécondées à intervalles réguliers tout au long de l'année[1], les chattes n'ovulent pas spontanément. Chez les matous, la femelle connaît une ovulation uniquement après s'être accouplée avec un mâle. (Cela prend entre 24 et 36 heures, mais ce retard n'est pas gênant dans la mesure où elles restent en chaleur pendant trois jours au moins.)

Or le déclic qui provoque l'ovulation est la douleur intense éprouvée au moment où le chat qui vient de l'honorer retire son pénis. Pourquoi cette douleur ? Car l'organe sexuel du chat est hérissé de courtes épines pointues qui glissent facilement pour entrer, mais qui raclent les parois vaginales sur leur passage à la sortie.

Cet instant de violence donne le coup d'envoi pour que le système hormonal de reproduction entre en action chez la femelle.

Vivement ce soir[2] qu'on se couche !

Jusqu'à preuve du contraire…

---

1. Pardon d'être aussi direct, chérie.

2. Pardon d'être aussi direct, chérie.

POURQUOI MET-ON DES GÉRANIUMS SUR LE BORD DES FENÊTRES ?

Vous les avez remarquées, ces grosses fleurs rouges sur le rebord des fenêtres. On aime ou on n'aime pas, mais on ne peut pas dire que ce soit le comble de l'élégance florale. Pourquoi ne mettrait-on pas à la fenêtre des myosotis, du lilas, ou des cyclamen ?

Vous allez me dire que c'est une question de tradition ; que le géranium sent bon la France.

« Bon » ? Pas si sûr....

Venons-en à son parfum.

Si on plante son nez dans le géranium, on regrette assez vite les délicates senteurs de la rose ou du jasmin. Avouons-le franchement : le géranium, ça empeste, ça routemoute, ça repousse tout individu à deux mètres. Et c'est là que réside la clef du mystère. Car le géranium contient par ailleurs du citronellol, une substance qui éloigne... les moustiques. Il est localisé dans les cellules de surface de la feuille et sur les tiges vertes, en compagnie du géraniol, avec une petite quantité de linalol, terpineol, alcool phényléthylique et de menthol.

S'il y a des géraniums sur le bord de vos fenêtres, à cause du citronellol les moustiques n'auront aucune envie de les survoler, par conséquent ils n'entreront pas chez vous.

Ou alors poliment, par la porte.

Jusqu'à preuve du contraire…

POURQUOI LE SIGNAL DE DÉTRESSE EST-IL LE SOS?

Vous savez ce que signifie « SOS » : danger, aidez-moi, pitié, je vais mourir, j'ai faim, j'ai soif, j'ai plus de clopes ! Bref, un message de détresse qui réclame d'agir vite et à tout prix.

Mais pourquoi avoir choisi un terme aussi barbare (SOS) ? Trois lettres qui ne veulent rien dire ? Pourquoi pas « A l'Aide », ou « Help », en anglais ?

Une idée fausse consiste à croire que SOS sont les initiales de l'expression anglaise «*Save Our Soul*». En français, « Sauvez Nos Ames ».

En fait, c'est beaucoup plus simple que cela. Le signal de SOS est apparu au milieu du XIXe siècle, émis par des navires en perdition. A l'époque, la radio n'existait pas. Les marins communiquaient en alphabet morse (inventé par Samuel Morse en 1832).

Or, en morse, le SOS est l'un des signaux les plus faciles à interpréter, même dans des conditions de réception très mauvaises car il se transcrit 3 points-3 traits-3 points.

... --- ...

L'expression est restée, mais depuis l'invention du

téléphone, le nouveau signal de détresse est l'expression anglaise «*May-Day*», déformation du français « M'aider ».

Bon voyage quand même.

Jusqu'à preuve du contraire…

POURQUOI LES CULOTTES DE GOLF ONT-ELLES UNE FORME SPÉCIALE ?

Vous savez tous à quoi ressemble une culotte de golf : Tintin ne porte que ça. C'est une sorte de pantalon, généralement beige, fermé à la hauteur du mollet par un élastique qui le colle à la chaussette. Ce n'est pas spécialement élégant, alors pourquoi cette forme dite « bouffante » ?

Première remarque : le golf est un sport de plein air. Quand il pleut, les *greens* regorgent de gadoue. Donc si les pantalons remontent *si haut* près du genou, c'est simplement pour ne pas les salir *en bas*.

Va pour la hauteur. Mais pourquoi la toile du pantalon est-elle plaquée à la chaussette ? Cette seconde explication est beaucoup plus perverse.

C'est que les golfeurs ne sont pas tous des gentlemen. Quelquefois, ils trichent. (Rappelez-vous : le méchant Goldfinger a fait le coup au gentil James Bond.)

Exemple de tricherie : après avoir tiré — et raté — son coup, le golfeur malhonnête marche vers l'endroit où il aurait aimé que sa balle se trouve. Comme tous les golfeurs, il a sur lui une ou plusieurs balles. A l'aide d'une poche préalablement trouée, rien de plus facile que de faire glisser une balle à l'intérieur de son pantalon, pour la retrouver ensuite à ses pieds dans l'herbe sans que personne ne remarque rien.

Avec une culotte bouffante, au contraire, pas de tricherie possible. La balle resterait coincée par l'élastique au niveau du mollet.

Il y a une justice.

Jusqu'à preuve du contraire…

POURQUOI LES CHINOIS MANGENT-ILS AVEC DES BAGUETTES ?

De Pékin à Hong-Kong, de Shanghai à Belleville, les Chinois mangent avec des baguettes. Et pourquoi pas ? allez-vous rétorquer avec raison. Personne n'est tenu de se restaurer à l'occidentale, avec fourchette, couteau, cuiller, et pousse-café service compris. Alors pourquoi les Chinois se régalent-ils à l'aide de fragiles baguettes de bois ? Pourquoi pas avec les doigts ?

A cause, paradoxalement, d'une pénurie de bois.

Tout a commencé sous la dynastie Chou, il y a plus de 2500 ans.

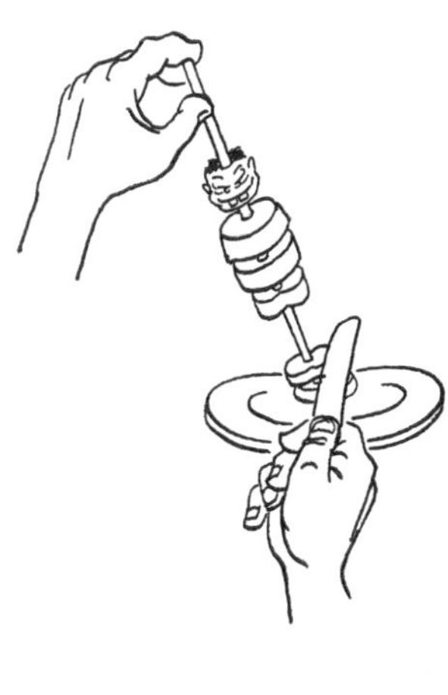

A l'époque, la population chinoise croissait et multipliait *déjà* dans des proportions inquiétantes. La terre manquait. Les habitants pratiquèrent une intense déforestation pour transformer les forêts en champs cultivables. Conséquence : moins de bois, donc moins de sources de chaleur pour faire la cuisine. Les Chinois ont alors élaboré leur technique très particulière de cuisson des aliments : des morceaux très petits, prédécoupés, à faire frire à feu vif pendant un très court instant.

D'autre part, la rareté des tables a rendu nécessaire la conception d'un ustensile qu'on pourrait n'utiliser que d'une seule main, pendant que l'autre tiendrait le bol de nourriture. D'où l'invention des baguettes... Faciles à manier justement à cause de la très faible dimension des morceaux.

Vingt siècles avant l'apparition de la fourchette. Trois millénaires avant le hamburger sous vide. On ne change pas une recette qui gagne.

Jusqu'à preuve du contraire...

POURQUOI DIT-ON QUE LES CAROTTES DONNENT UNE BONNE VUE?

Vous connaissez cette croyance populaire. On prétend que les carottes rendent aimable, et aussi qu'elles procurent une bonne vue. Spécialement la nuit, affirment les routiers et les chauffeurs de taxi.

L'amabilité ? Voilà une superstition difficile à vérifier en laboratoire. Surtout chez les routiers et les chauffeurs de taxi.

L'acuité nocturne : qu'en pense la médecine ?

Désolé de décevoir, mais la flatteuse réputation optique de la carotte repose sur de bien fragiles fondements scientifiques. Au mieux peut-on certifier qu'elle contient beaucoup de vitamine-A, et que l'un des symptômes du manque de vitamine-A est la difficulté pour l'œil de s'adapter rapidement à des changements d'intensité lumineuse.

Alors pourquoi cette croyance est-elle restée si vivace ?

A cause de la propagande. Oui, la propagande officielle des Alliés pendant la Seconde Guerre mondiale, et en particulier celle des Anglais.

Elle a permis à la Royal Air Force de garder secrète le plus longtemps possible... l'invention du radar, en 1940.

Les officiels britanniques avaient fait courir le bruit que la très grande précision des tirs des pilotes de chasse de la R-A-F en mission nocturne s'expliquait par la qualité supérieure de leur vision ; obtenue en consommant d'énormes quantités des carottes !

Comme les Allemands partageaient les mêmes préjugés physiologico-cullinaires, l'ennemi se contenta de cette explication, sans chercher plus loin.

Comme quoi, l'obscurantisme peut avoir du bon.

Jusqu'à preuve du contraire...

POURQUOI LE SYSTÈME DE COMPTAGE DES POINTS AU TENNIS EST-IL SI COMPLIQUÉ ?

O, 15, 30, 40, avantage, jeu, set et match ! (à moins que je ne me trompe).

Sûr que c'est pas simple. Souvenez vous des grandes heures de Roland-Garros à la télévision. Heureusement que le commentateur rappelait indéfiniment le score, sinon la France tennistique aurait été complètement perdue en revenant du frigo les bras chargés de bières bien fraîches...

Pourquoi les points ne sont-ils pas comptabilisés 0, 1, 2, 3 ? Pourquoi pas 2, 4, 6 comme au basket ? Pourquoi pas 100, 200, 300 comme au flipper ?

Pourquoi 15, 30, puis 40 ? Même pas une progression régulière...

Le tennis est l'héritier d'un jeu ancien, très en vogue au moment de la Révolution : le jeu de paume. Son principe s'apparentait à celui de notre tennis : il y avait un filet, deux joueurs (quelquefois plus), et une balle qu'il fallait renvoyer de l'autre côté du filet. Mais non pas avec une raquette, avec la main (la paume exactement).

Le premier manuel officiel du jeu de paume est celui de Manevieux : *Traité sur la connaissance du Royal jeu de paume*, publié en 1784. Nous en connaissons donc parfaitement les règles.

A l'origine, les points se marquaient un par un, en toute logique mathématique. Sauf que le jeu de paume se combinait à celui de « gagne-terrain ». Plus un joueur engrangeait de points contre son adversaire, plus il s'approchait du filet.

Quand il avait gagné son premier point, il avançait de 15 pieds (c'était une mesure de l'époque qui correspondait à peu près à un pied humain ; soit de nos jours un petit 42). Pour le deuxième point, il s'approchait encore de 15 pieds (ce qui faisait 30). Quand il gagnait une troisième fois, il s'approchait du filet de 10 pieds (ce qui faisait 40). Ensuite, comme il était très proche du filet, il avait beaucoup plus de facilité à passer la balle de l'autre côté ; on disait alors que le joueur avait « un avantage » sur son adversaire.

Et voilà, on s'y retrouve : 0, 15, 30, 40, avantage. Le comptage de base du tennis était né.

Au passage, le mot « tennis » est lui aussi issu du jeu de paume. Un jeu si prisé des gentilhommes qu'il avait franchi la Manche pour être adopté par les familles les plus huppées d'Angleterre. A Londres comme à Saint-Petersbourg, l'usage dans la haute société consistait alors à parler le français plutôt que l'anglais ou le russe. Et « tennis » est une déformation de l'impératif « tenez » qui vous prévenait qu'on allait vous lancer la balle.

Deux jeux, deux langues : pas étonnant que l'on s'y paume.

Jusqu'à preuve du contraire…

POURQUOI MÊME LES AVIONS DU MATIN ONT DU RETARD ?

Vous l'avez remarqué si vous avez pris l'avion très tôt. Pas à six ans. A six heures.

Tous les vols peuvent avoir du retard. Et ils ne s'en privent pas. A cause des conditions météo, parfois des grèves, mais surtout en fin de journée à cause de l'accumulation des retards des autres avions. Sur Air Inter par exemple, le Nice-Calvi de 18h50 est parfois obligé d'attendre jusqu'à huit heures du soir le Orly-Nice de 16h55 pour ne pas laisser en rade des amoureux de la Corse. Normal. Oui, normal.

Mais ce qui irrite au plus haut point les voyageurs sont les retards matinaux : comment se fait-il que le premier vol de la journée soit déjà retardé ? Lui au moins n'a pas de correspondance à assurer ! Qui est responsable ?

Ni les grèves. Ni le mauvais temps. Ni les compagnies aériennes. Mais la loi.

Par mesure de sécurité, les pilotes sont obligés par la réglementation aérienne de respecter un très long délai entre le moment où ils lâchent les commandes de l'appareil, et le moment où ils les reprennent.

L'article D.422-12 du Code de l'Aviation Civile est formel : «*Toute période de vol inférieure ou égale à 6 heures* [ce qui inclut tous les vols à l'intérieur de l'hexagone] *doit être suivie d'un temps d'arrêt d'une durée au moins égale à 11 heures.* »

Résultat : un retard en soirée se répercute obligatoirement sur le premier vol du lendemain. Il existe toutefois une dérogation : « *L'employeur a la faculté d'accorder un temps d'arrêt inférieur à 11 heures, sans toutefois qu'il puisse être inférieur à 6 heures. Dans ce cas,* [c'est là que ça se complique] *le temps d'arrêt suivant doit être au moins de 18 heures, dont un arrêt nocturne normal* » Encore pire !

Les businessmen abonnés Plein Ciel protestent : pourquoi ne pas embarquer à bord de l'avion du soir un second pilote qui pourra prendre les commandes de l'avion du matin ?

Amis décideurs, outre l'augmentation des coûts — donc du prix du billet — que cette précaution entraînerait, il faudrait en plus que les compagnies soient prévenues des retards imprévus dont elles seraient victimes. Or le propre de l'imprévu est qu'il ne se prévoit pas. En avion comme en amour.

Bref, si vous embarquez en retard, c'est souvent pour votre sécurité. Pensez-y. Quand on le sait, on s'énerve beaucoup moins. Vous le savez.

Jusqu'à preuve du contraire...

POURQUOI MANGE-T-ON TRÈS ÉPICÉ DANS LES PAYS TROPICAUX?

Vous connaissez la — ou plutôt les — cuisines tropicales. Il existe de très bonnes tables en France qui les servent souvent mieux que dans leur pays d'origine. Les gourmets voyageurs prétendent que les plus succulents restaurants indiens sont à Londres, les meilleurs antillais à Amsterdam, et les pires mexicains à Mexico. C'est aussi paradoxal que regrettable.

Mais revenons à vous. A table ! A chaque bouchée, vous avez remarqué que les mets tropicaux sont éminemment plus relevés que la cuisine française traditionnelle. Il n'y a qu'à comparer un chili con carne et une potée au choux. Il en va de même de la cuisine africaine, brésilienne, ou indonésienne. Ça réchauffe, ça brûle et ça incendie les papilles. Dans quel but ?

Oublions la gastronomie. Du point de vue physiologique, les piments forts ont la particularité d'abaisser la température corporelle, à cause de la capsicine. Prenez des notes, ça se complique. La capsicine est une substance irritante que l'on trouve dans le piment. Même ingérée en faible quantité, elle provoque chez l'homme la transpiration. Autrement dit un rafraîchissement, par évaporation.

Les piments forts facilitent également la digestion des amidons et augmentent les sécrétions gastriques. En outre, certains d'entre eux ainsi que certaines épices corsées ont le pouvoir de limiter la multiplication des bactéries.

Ce qui ne répond pas à l'interrogation fondamentale de l'Homme sur cette planète : quelle heure est-il ? et quand est-ce qu'on mange ?

Insondable.

Jusqu'à preuve du contraire...

POURQUOI LES COCHONS ONT-ILS L'AIR SI SALE ?

La sagesse populaire prétend qu'il n'y a pas d'animal plus puant et dégoûtant que le cochon. C'en est même devenu une insulte. On dit d'un éboueur qu'il est « sale comme un cochon ». S'il porte le costume trois-pièces, une fine moustache et l'œillet à la boutonnière, sa secrétaire le traitera de « vieux cochon ».

Pourquoi le cochon est-il si sale ? Les abonnés de *Filière Viande* vous le diront : parce qu'il passe son temps à se rouler dans la boue et les mares putrides.

Ce qui ne résout en rien la question : pourquoi cet animal aime-t-il à ce point se vautrer dans la puanteur ?

Pour une raison toute simple, d'ordre biologique. Contrairement à la plupart des mammifères, le cochon ne transpire pas. Il doit donc maintenir en permanence l'hydratation de sa peau. En se roulant dans la fange. Ces bains contribuent également à diffuser la chaleur de son organisme.

Mais ce n'est pas tout. Cette pratique a le mérite d'éliminer de nombreux insectes parasites, ou d'en réduire les dégâts, en protégeant la peau sous une croûte de boue difficile à percer.

En revanche, contrairement à l'opinion répandue, les porcs n'apprécient pas la saleté. Ils veulent bien se rouler dans la boue, mais pas dans la m..., et avec raison. Car non seulement les excréments ne les protègent pas des insectes, mais en plus ils les attirent. On a d'ailleurs observé que les cochons vivant à l'état semi-sauvage n'assouvissent jamais leurs besoins naturels à l'endroit où ils prennent leurs bains.

Voilà pour la mauvaise réputation des cochons. Ce n'est pas une raison pour les traîner dans la boue...

Ha ! ha ! ha ! Elle est bien bonne.

Jusqu'à preuve du contraire...

POURQUOI LES HÔTESSES DE L'AIR NE SONT-ELLES PLUS AUSSI JOLIES QU'AVANT?

Vous l'avez remarqué dans l'avion. Il y a toujours un affreux assis à la place d'à côté pour râler : « Qu'est-ce qu'elle est moche, l'hôtesse ! »

Vous regardez la prétendue demoiselle à deux fois,

et vous en convenez : on ne peut pas dire qu'elle soit une merveille de la nature. Pas une laideur, n'exagérons rien, mais en tout cas, par la plastique, les mensurations ou même l'âge, elle est loin de l'image auréolée que l'on se fait de l'hôtesse de l'air. Ces créatures somptueuses, jeunes, célibataires, dont les longues jambes hantent les carlingues, les films et les fantasmes.

Comment se fait-il que les hôtesses ne soient plus aussi jolies qu'avant ?

La raison est toute simple. Pas qualitative, mais quantitative.

Le mythe de l'hôtesse de l'air remonte à l'avant-guerre, au plus tard aux années 60 ; à une époque où les voyages en avion n'étaient pas monnaie courante.

Juste une comparaison. En 1950, les aéroports de Paris ont vu passer neuf cent quatre-vingt-six mille passagers. En 1992, ce chiffre est monté à cinquante millions de passagers, soit plus de cinquante fois plus.

Le calcul est tout simple : entre ces deux dates, il a fallu engager de plus en plus d'hôtesses, peut-être cinquante fois plus. Par conséquent, les compagnies aériennes ont été un peu moins regardantes sur le casting. Et voilà pourquoi les hôtesses ne sont plus ces nymphes que nos grands-pères ont connues.

Mais entre vous et moi : que préférez-vous en vol ? Une personne sympathique et serviable, ou un ersatz glacial de top-model qui vous renverse votre café sur les genoux ?

Vous me direz : l'un n'empêche pas l'autre.

Jusqu'à preuve du contraire…

POURQUOI LES MOUSTIQUES PIQUENT-ILS ?

Zzzzz ! Aïe ! Paf !

Trop tard !

Un moustique vous a certainement piqué un jour. Dans quel but ? Vous connaissez déjà une partie de la réponse : à la différence de la guêpe par exemple, le moustique ne pique pas pour attaquer, ni pour se défendre, mais pour manger. Il se nourrit de sang et son dard lui sert tout simplement de pompe.

En fait, seule les femelles nous piquent. Leurs pontes demandent de telles provisions énergétiques qu'elles ont besoin de beaucoup de sang pour s'alimenter. Les mâles, eux, plus tranquilles, se contentent du nectar des fleurs.

Mais alors, seconde question. Pourquoi l'insecte se fait-il remarquer par sa piqûre ? Si elle était indolore, les moustiques pourraient se nourrir bien plus facilement, sans risque d'être pourchassé par leur victime, c'est-à-dire nous.

Eh bien, c'est exactement ce qu'il se passe.

Contrairement aux apparences, le moustique ne nous cause aucune douleur au moment où il nous pique. Heureusement pour lui. Sinon, nous l'écraserions sur notre bras avant même la fin de son repas.

Au contraire, pour éviter que les personnes (ou les animaux) ne réagissent violemment à leurs piqûres, les moustiques injectent d'abord grâce à leur dard une salive anesthésiante et anticoagulante.

Seulement voilà : une fois l'effet anesthésiant passé, les protéines coagulantes, perçues comme un corps étranger par notre organisme, provoquent des réactions irritantes. Résultat : ça nous gratte. Et plus on se gratte, plus ça gratte. Mais pour une fois, le moustique n'y est pour rien.

Jusqu'à preuve du contraire…

POURQUOI LES FAMEUSES CULOTTES "PETIT BATEAU" S'APPELLENT-ELLES "PETIT BATEAU" ?

Vous n'ignorez rien de ce débat passionnant. Certains prétendent qu'on appelle les culottes « Petit Bateau » parce que les marins portent ce genre de sous-vêtements depuis longtemps, et que les créateurs de la marque se sont inspirés du modèle.

D'autres avancent que c'est à cause du nom que l'on donnait aux bébés à une certaine époque. On les appelait des « baigneurs », ce qui aurait aiguillé les responsables de la firme.

Alors ? Alors, il n'y a aucun rapport entre la Marine, la pédiatrie, et la culotte « Petit Bateau ».

Mais souvenez-vous plutôt (air connu) :

Maman les p'tits bateaux
Qui vont sur l'eau
Ont-ils des jam-beu ?

C'est cette comptine qui a donné son nom aux culottes. En répondant à la question posée.

Avant l'arrivée du charmant slip de coton blanc, les culottes du début du siècle ne se contentaient pas d'abriter des regards les parties honteuses de l'anatomie de leur propriétaire, fille ou garçon. Pudiquement, elles s'apparentaient davantage à des caleçons longs qu'aux mini-slips d'aujourd'hui. En clair, les culottes de nos arrière-grand-mères et de nos arrière-grands-pères avaient des jambes. Elles descendaient jusqu'aux cuisses, jusqu'aux genoux, voire jusqu'aux chevilles.

Aussi, l'irruption de la petite culotte « Petit Bateau », en 1918, marque une véritable révolution dans l'histoire des dessous pré-pubères. Comme les p'tits bateaux, cette petite culotte n'a pas de jambe. CQFD. En coton blanc, en côtes 2x2, deux mailles à l'endroit, deux mailles à l'envers, quatre boutons permettent de l'accrocher à la petite chemise assortie, ancêtre du T-shirt. Tous les gros bêtas du monde vont pouvoir courir, sauter, danser, sans être gênés par leurs culottes à longues jambes.

Les mamans l'adopteront en masse.

Les jeunes filles l'enlèveront en transe.

Les vieux messieurs la collectionneront en cachette.

Jusqu'à preuve du contraire…

POURQUOI LES VIEILLES PERSONNES ONT-ELLES TENDANCE À RADOTER?

Certes, vous le savez, il n'y a pas que les personnes âgées qui radotent. Je connais des jeunes qui radotent, mais qui radotent ! Et par ailleurs, ce sont ces mêmes gaillards dans la force de l'âge qui exècrent les vieux sous prétexte de leurs ratiocinations répétées et ressassées. C'en devient indécent.

Certes, vous le savez, il n'y a pas que les personnes âgées qui radotent. Je connais des jeunes qui radotent, mais qui radotent ! Et par ailleurs, ce sont ces mêmes gaillards dans la force de l'âge qui exècrent les vieux sous prétexte de leurs ratiocinations répétées et ressassées. C'en devient indécent.

C'est vrai, de Jordy à Antoine Pinay, chaque âge a ses radotages. Mais on ne peut pas pour autant nier que plus on vieillit, plus on radote. (On imagine le pire lorsque Jordy aura atteint la longévité du président Pinay…)

Pourquoi radote-t-on, au fait ? Pour insister sur un point qui nous tient à cœur ? Ou sont-ce plus tristement nos neurones qui s'étiolent avec l'âge ?

Pas exactement. Plutôt un aléa de la mémoire.

Vous n'avez pas oublié que deux sortes de mémoire nous équipent : la mémoire à court terme, et la mémoire à long terme.

Schématiquement, la mémoire à court terme (MCT) emmagasine ce que vous venez d'accomplir dans les cinq dernières minutes. De son côté, la mémoire à long terme (MLT) stocke ce qui s'est dit ou passé une semaine ou un an auparavant. Il s'agit évidemment d'un événement d'abord consigné dans la MCT.

Prenons un exemple. On vous lit une série de huit chiffres. Vous pourrez sans peine vous en souvenir quelques instants. Mais ils seront oubliés dans l'heure qui suit. A moins que ces huit chiffres forment un numéro de téléphone très important pour vous. Dans le cas, la MCT les transférera dans la MLT.

D'après les études de l'Université d'Oxford relatées dans son *Dictionnaire encyclopédique*, « la mémoire à court terme est transitoire et peut être facilement suspendue. [...] Elle doit persister un certain temps pour permettre à ce qu'elle a enregistré d'être «imprimé» dans la mémoire à long terme. »

Or, les personnes âgées manifestent des difficultés [je cite encore] « à transférer les matériaux d'une mémoire à court terme limitée et éphémère à une mémoire à long terme plus persistante ».

L'expérience démontre que si les vieilles personnes n'ont pas gardé assez longtemps dans leur mémoire à court terme ce qu'elles viennent de dire (car par exemple elles sont passées à un autre sujet aussitôt après), alors elles n'ont pas pu l'enregistrer dans leur mémoire à long terme. Une demi-heure plus tard, elles ne s'en souviennent plus. Si elles le répètent, c'est parce qu'elles ont oublié... qu'elles l'ont déjà dit précédemment. Les voilà qui radotent.

En revanche, leur mémoire à long terme n'est pas perdue ni délabrée pour autant. Les souvenirs lointains, bien imprimés dans la MLT, resurgissent sans aucun problème. C'est pour cette raison que votre grand-père vous dépeint avec un tel luxe de détails son service militaire ou sa rencontre avec grand-mère, alors que cela fait quatre fois qu'il vous demande si vous êtes venu lui rendre visite en micheline ou en autocar.

En stop, grand-père, en stop.

Jusqu'à preuve du contraire...

POURQUOI LE GUIDE MICHELIN EST-IL UN GUIDE GASTRONOMIQUE ?

Vous vous êtes déjà posé la question au moins deux fois : à table, et au volant. Pourquoi la firme Michelin, qui fabrique des pneus, a-t-elle publié un guide des restaurants ? Quel rapport entre le caoutchouc, et le bœuf en daube ?

Si vous avez fait l'Ecole du Rire, vous répondrez : pour que les gens n'aillent pas déjeuner dans des gargotes où le steak ressemblerait à un pneu.

Si vous avez fait H.E.C., vous alléguerez que Michelin a sorti un guide gastronomique pour augmenter son chiffre d'affaires. Exact, mais pas vraiment grâce au guide lui-même. Michelin préférait vendre des chambres à air que du papier.

Comment ?

En 1900, Michelin édite son premier recueil : un guide technique qui explique comment «*Changer la chambre à air d'un véhicule automobile mû par un moteur alimenté au pétrole*». Déjà, à l'époque, Michelin dominait le marché français. Le problème du leader était moins de gagner de nouvelles parts de marché, que de faire croître la consommation de ses produits. Les ingénieurs — et le chef-comptable — avaient remarqué qu'après l'achat d'une automobile, les conducteurs ne changeaient pas les pneus d'origine avant très longtemps. Il fallait attendre l'usure naturelle des enveloppes pour espérer leur vendre un nouveau jeu de 4 (et même de 5 avec la roue de secours).

Alors Michelin a transformé son guide technique en guide des endroits à ne pas manquer (points de vue, monuments, restaurants, etc.). Ainsi, les automobilistes faisaient un détour, ou sortaient carrément la voiture pour vérifier telle ou telle adresse. Par la même occasion, ils roulaient, roulaient, roulaient, et usaient leurs pneumatiques...

Avec le temps, le guide Michelin privilégiera les restaurants au détriment des statues équestres, pour devenir la référence que l'on connaît en matière culinaire. Toujours pour les mêmes raisons : les cartes routières ne changent pas d'année en année ; les cartes de restaurants si.

Les cuisiniers sont toqués.

Jusqu'à preuve du contraire...

POURQUOI LES PLAQUES D'ÉGOUT SONT-ELLES RONDES ?

Vous l'avez déjà remarqué le nez collé au bitume pour éviter de marcher dans les déjections canines. Ça porte bonheur ? Alors au bout de la dixième, c'est trop de bonheur...

Par ailleurs, le grand malheur serait qu'un égoutier oublie de refermer une bouche, pas forcément la sienne, et que vous tombiez dedans.

Bref, en tout état de cause, vous savez désormais que les plaques d'égout sont invariablement rondes. Pour quelle raison ?

Pour tenir moins de place, au stockage et au transport ? Non. Dans ce cas on aurait conçu des plaques carrées ou rectangulaires, qui sont les formes qui occupent le mieux l'espace.

Arrondies pour épouser les formes humaines ? Certes. L'égoutier vu de dessus s'apparente davantage à un cercle qu'à un polygone régulier, mais tant qu'à faire, la forme la plus ergonomique — j'allais dire humaine — est l'ovale, ou l'ellipse (à moins que l'égoutier, obèse, ait été viré de chez Weight Watchers pour atteinte au moral des troupes).

Il y a donc une autre raison qui a poussé l'homme et l'ingénieur à fabriquer des plaques d'égout circulaires.

On pourrait remarquer que leur forme les rend plus aisées à faire rouler ; beaucoup plus facilement que si elles étaient hexagonales. Certes, mais ce déplacement excède rarement quelques mètres. D'autre part, il est rare que les ingénieurs se soucient à ce point du sous-prolétariat (si un ingénieur sommeille en chaque homme, l'inverse reste à prouver).

L'explication est beaucoup plus futée : grâce à leur forme, les plaques rondes ne peuvent en aucun cas tomber dans le trou. Je m'explique.

Supposons que les plaques d'égout soient carrées. Le côté d'un carré est forcément plus court que sa diagonale. Par conséquent, si la plaque se présente verticalement dans la diagonale du trou, elle y choira. Vlan ! Cent kilos de fonte sur le crâne. Malheur au malheureux qui travaille en dessous, malheureusement.

En revanche, quelle que soit la manière dont on la dispose au-dessus du trou, une plaque ronde n'y tombera jamais. Effectivement, de par sa forme, elle ne pourra se présenter au-dessus du trou que d'une seule manière. Son diamètre lui tient lieu de diagonale. Dans tous les cas, le diamètre de la plaque est supérieur à celui du trou de quelques centimètres, à cause du rebord. Aucun risque de chute inopinée.

Attention : cette explication ne vaut que pour les plaques d'égout. Obélix aussi était rond. Cela ne l'a pas empêché de tomber dedans quand il était petit.

Jusqu'à preuve du contraire…

POURQUOI COGNE-T-ON LES VERRES POUR TRINQUER?

Vous appréciez comme moi ce rituel cordial. On approche nos verres : «*tching*», ça fait un joli bruit, et hop ! on rince les dents du fond.

Mais, pris de remords, le buveur s'interroge : pourquoi cogne-t-on les verres au fait ? Pour vérif'-hips !.. pour vérifier qu'ils sont solides ?

Pas du tout. Mieux aurait valu faire le test *avant* de servir ce bourbon millésimé. D'ailleurs, la coutume nous arrive du moyen-âge, où les verres n'étaient même pas en verre. Il s'agissait de timbales en bois ou en métal.

Au moyen-âge donc, les mœurs étaient rudes. On empoisonnait son voisin et ses cousins pour un oui pour un non, surtout pour un non, d'ailleurs. Comment ? On invitait la victime à boire une p'tite eau-de-vie qu'vous m'en direz des nouvelles, on versait dans sa timbale un soupçon d'arsenic (ou tout autre elixir équivalent), et le tour était joué — ou plutôt : le fâcheux était occis.

Heureusement, les preux chevaliers, et même les

pas preux, ont fini par trouver une parade pour éviter l'empoisonnement.

Mieux qu'un antidote. Quand vous invitiez quelqu'un à boire un coup, votre « ami » vous versait une lichette du contenu de son propre verre dans le vôtre. Et réciproquement. Ainsi, si votre belle-sœur avait décidé de vous expédier dans l'autre monde, la méchante se retrouvait elle aussi du voyage.

Ça ne console pas, certes.

Mais ça dissuade.

Le geste a traversé les siècles relativement intact. Aujourd'hui on entrechoque encore chaleureusement les verres, sans toutefois échanger les liquides. On voit par là que la confiance règne.

Jusqu'à preuve du contraire…

POURQUOI SE SENT-ON PLUS JOYEUX QUAND IL FAIT SOLEIL?

Sous le soleil exactement, l'euphorie nous gagne. Exactement !

Même si à l'ombre tout allait déjà pour le mieux, sous la caresse des rayons de l'Astre, on a l'humeur badine, l'envie de faire plaisir, on sourit en fredonnant une charmante mélodie.

Vous allez me dire : c'est parce qu'au soleil il fait plus chaud; on s'y sent plus libre, on n'est pas obligé de se calfeutrer sous plusieurs épaisseurs de vêtements.

S'il n'y avait que ça ! Suffirait de pousser le chauffage pour être heureux. Or, même en hiver, par moins dix degrés au-dessous de zéro (pour vous dire combien c'est négatif), on se sent mille fois mieux quand le soleil brille. La température n'explique donc pas tout.

On pourrait croire aussi que le soleil a les vertus d'une gigantesque lampe; comme si par beau temps, les couleurs resplendissaient avec davantage de vivacité. C'est logique, mais l'explication est encore plus stupéfiante : le soleil agit sur notre corps comme une drogue.

Le *Larousse Médical* est formel : les rayons solaires activent les échanges de l'organisme, ils exaltent les oxydations, le métabolisme et le travail des glandes à sécrétion interne. C'est ce dernier point qui joue le plus sur notre moral.

Lorsqu'on reçoit les rayons du soleil, notre cerveau déclenche une sécrétion d'hormones appelées les « endorphines ». L'endorphine est une hormone dite « du plaisir ». C'est une substance sécrétée par l'hypothalamus et déversée dans le sang vers de nombreux organes du corps. Une messagère, en quelque sorte, qui procure une sensation de bien-être à tout l'organisme. En un mot, on plane. Sans se miner la santé.

Médicalement, le soleil est considéré comme le meilleur des antidépresseurs. Sa lumière agit sur la glande pinéale, qui nous fait sécréter davantage de mélatonine, une hormone qui a une importance capitale chez les sujets dépressifs.

Chez les gens bien portants, la sécrétion de mélatonine démarre le soir. Elle s'interrompt le matin le plus naturellement du monde. Or, chez les sujets dépressifs, l'épiphyse secrète de la mélatonine pendant encore quelques heures après l'aube. Ce déséquilibre hormonal va générer et accroître une sensation de malaise et d'affliction. Au choix, ou tout à la fois : accroître et générer, affliction et malaise.

Pour remédier à cela, foin de médicamenterie chimique. Contre le vague à l'âme, on installe simplement les patients à la lumière du soleil une ou deux heures chaque matin. Cette méthode des plus douces s'appelle la luxthérapie. Résultat : l'effet de la lumière se transmet par certaines fibres du nerf optique et agit sur l'hypothalamus qui pilote, lui, l'épiphyse. Cette fameuse épiphyse responsable de la production de mélatonine. L'espoir renaît.

Enfin, dépressifs et non-dépressifs se réjouiront d'apprendre que le vrai beau temps ensoleillé entraîne un surcroît d'ions négatifs dans l'atmosphère ; et ces ions sont favorables à la détente, à la décontraction, et à toutes sortes de choses plus qu'agréables sans qu'on sache, là, exactement pourquoi.

Ce n'est pas une raison pour sortir sans chapeau. A tous les sens du terme.

Jusqu'à preuve du contraire…

POURQUOI MESURE-T-ON LA VITESSE DES BATEAUX EN NŒUDS ?

Vous l'avez remarqué pendant votre stage de voile au Croisic, ou aux *Grosses Têtes* quand Bouvard invite Olivier de Kersauson. Les nœuds mesurent la vitesse des bateaux. Cela impressionne le profane, et ça permet surtout à Kersauson de réaliser de désopilants jeux de mots.

Sans contrepèterie, c'est quoi un nœud ? Un nœud est la vitesse uniforme qui correspond à 0,514 mètre par seconde soit — vous vous en doutiez — 1,852 km/h, ou encore un mille par heure. Notez que son emploi est uniquement réservé à la navigation (maritime ou aérienne).

Mais pourquoi les nœuds ? Pourquoi pas les cordes, tant qu'à faire simple ?

A la naissance de la marine, et longtemps après, les marins n'étaient pas capables de calculer une distance sur l'eau. Sous Vercingétorix, ils ignoraient combien il y avait de kilomètres entre Nice et Ajaccio. Et ils ne le savaient pas mieux sous Robert II le Pieux (996-1031). D'ailleurs à l'époque, personne ne pouvait vous dire combien mesurait un kilomètre. Bref, les marins étaient incapables d'établir la vitesse de leurs bateaux, étant donné que la vitesse se calcule en divisant la distance parcourue par le temps écoulé.

Cependant, à défaut d'être équipés en chronographes, nos ancêtres matelots étaient astucieux. Au début du XVIIIe siècle, ils eurent l'idée d'attacher à la poupe (à l'arrière) de leur bateau une corde pourvue de nœuds à intervalles réguliers, tous les cinquante pieds ; une corde à nœuds, en fait.

Quand le bateau était à l'arrêt, la corde tombait verticalement. Un observateur placé au-dessus d'elle ne pouvait voir aucun nœud affleurer à la surface de l'eau. Il en déduisait que la vitesse du bateau était nulle.

Plus le rafiot accélérait, plus la corde s'élevait à l'horizontale, sous l'effet de la vitesse. Donc, plus le bateau avançait, plus on pouvait compter de nœuds. Un marin était d'ailleurs chargé de cette tâche fastidieuse.

Le temps a passé. Le génie humain a inventé depuis le système métrique, l'horloge à moteur et le tachymètre. Mais l'empirique unité est restée. N'en déplaise aux têtes de nœud.

Jusqu'à preuve du contraire…

POURQUOI ÉVALUE-T-ON LES PIERRES ET LES MÉTAUX PRÉCIEUX EN CARATS ?

Vous connaissez le point commun entre les truands notoires et les rédacteurs des gazettes mondaines : ils n'apprécient que l'or à 18 ou 24 carats, et accessoirement quelques diamants monumentaux bourrés de carats jusqu'à plus soif.

Mais qui était ce fameux Carat ? Un aristocrate ? Un nabab ? Un joaillier ? L'inventeur du diamant, comme Volta découvrit la pile électrique, et Watt la machine à vapeur ?

Non, c'est un fruit.

Le carat, vient du mot italien *carato*, lui même emprunté à l'arabe *qîrât*. Le terme qîrât signifiait à la fois graine de caroubier, et petit poids. C'est la graine séchée de la caroube. La caroube, c'est le fruit du caroubier. Et un caroubier, c'est un arbre méditerranéen. La caroube, cæsalpiniée à la pulpe très sucrée, ressemble à une gousse d'environ 15 cm de long. Les graines qu'elle renferme, les carats donc, ont une particularité : elles ont quasiment toujours le même poids.

Ceci explique cela. À l'époque où l'on n'avait pas de balances perfectionnées, on utilisait les carats comme contrepoids pour peser l'or et les pierres précieuses. C'est ce qu'on avait trouvé de plus fiable.

Jusqu'en 1912, le carat équivalait à 0,2055g. Aujourd'hui, il s'est stabilisé à 0,2g, système métrique oblige.

Et l'expression « 24 carats » : pourquoi jamais 11 ou 25 carats ? Attention à ne pas confondre. Un carat correspondait également à chaque vingt-quatrième d'or fin contenu dans une quantité d'or. Tout ça parce qu'à la Mecque, du temps de sa splendeur vers la fin de notre moyen-âge, le carat était la 24e partie du denier. On ne pouvait faire ni plus, ni mieux.

La plus belle pierre du monde ne peut donner que ce qu'elle a.

Jusqu'à preuve du contraire…

POURQUOI NOS ANCÊTRES PENSAIENT-ILS QUE LES SENTIMENTS VENAIENT DU CŒUR ?

Comptez le nombre d'expressions plus ou moins sentimentales dans lesquelles se trouve le mot « cœur » : avoir un cœur d'artichaut, un cœur d'or ou un cœur de pierre, sentir son cœur s'embraser, voler le cœur de quelqu'un, mettre du baume au cœur, avoir une peine de cœur, etc.

Votre horoscope se divise en trois principales rubriques : *santé*, *travail*, *cœur*, (parfois *sexe*, mais jamais *cerveau* ni *duodénum*, allez savoir pourquoi).

Pourquoi avoir fait du cœur le siège de nos sentiments et de nos émotions ?

Premier élément de réponse, il n'était certes pas évident pour nos ancêtres de découvrir que les jeux de l'amour — et accessoirement du hasard — s'élaboraient suivant les subtiles combinaisons chimiques échafaudées dans l'encéphale. Mais pourquoi ont-ils cru que c'est avec le cœur que nous aimions ? Pourquoi ne pas avoir choisi le ventre — ou le bas-ventre — comme siège de nos émotions ? Ou, que sais-je encore, les dents ou le foie ?

Il y a trois mille ans, et même davantage, les hommes étaient convaincus non seulement que nous aimions, mais aussi que nous pensions, avec notre cœur pour deux raisons principales.

D'abord, lorsqu'on est amoureux, on perçoit son cœur battre avec plus de vigueur. Tout le monde l'a remarqué, de la mythique Pénélope à mon petit neveu Mathis. (Alors qu'on ne sent jamais son cerveau qui travaille ; ou si peu, je sais de quoi je parle.) Homère, les Hébreux ou encore les Egyptiens avaient donc localisé en plein cœur le temple de l'amour. Le grand Aristote lui-même a réactualisé et propagé ces assertions en affirmant que le cœur est le siège des « sensations, des passions et de l'intelligence ».

Mais alors, à quoi sert le cerveau, ô brillant Aristote ?

Le philosophe le prétend « composé d'eau et de de terre ». Pour lui, le cerveau ne joue que le rôle de réfrigérateur de l'organisme, pour empêcher que ça chauffe, quoi. Il abaisse la température du sang chargé de nourriture et génère le sommeil.

D'où est venue cette idée aussi sotte que grenue ?

Aristote, comme Platon, ignorait l'existence des nerfs. Et pour cause. Les Grecs avaient déjà une bonne connaissance du corps humain, mais les nerfs sont bien trop fins pour qu'ils aient pu les distinguer à l'œil nu (ils n'avaient évidemment pas de microscope, ni même de verres correcteurs). Lunettes ou pas lunettes, on prétend de toute façon qu'Aristote n'avait jamais observé un cerveau humain adulte.

Il faudra attendre Hérophile et Erasistrate, au IIIe siècle avant notre ère, pour distinguer le cervelet du cerveau et de la moelle épinière grâce à la dissection. Et ce n'est que cinq siècles plus tard que Galien mettra en évidence le rôle primordial du cerveau dans le processus amoureux.

Résumons-nous. Ne connaissant pas l'existence des nerfs, nos ancêtres ne pouvaient pas deviner que le cerveau communique en permanence avec toutes les parties de notre corps.

En revanche, ils connaissaient très bien le système sanguin. Ils avaient notamment remarqué que tous les vaisseaux sanguins convergent vers le cœur.

Quand ils tombaient amoureux, eux aussi, ça leur faisait tout chose de partout : les mains moites, les joues rouges, et les jambes qui tremblent. Ils en avaient déduit que c'était leur sang qui ne faisait qu'un tour, esclave et victime consentante de leur cœur enfiévré.

Ils ont couché leurs passions également sur le papier. Du coup, les expressions nées de leurs amours nous sont restées. Nous les lisons encore aujourd'hui le cœur brisé. De piètres médecins peut-être, mais en tout cas les meilleurs poètes.

Jusqu'à preuve du contraire…

POURQUOI LE FRANÇAIS EXIGE-T-IL DEUX MOTS POUR EXPRIMER LA NÉGATION ?

Vous *ne* pouvez *pas ne pas* l'avoir remarqué. La langue française *n'*est *pas* sans utiliser deux mots pour exprimer la négation. Pourquoi ? On le sait ou on *ne* le sait *pas*.

Dans beaucoup d'autres langues, un seul mot suffit.

En anglais : I want, she *doesn't* want. She's rich, I'm *not* rich.

En espagnol : Me gusta, *no* le gusta.

Chez nous, les étrangers et les enfants — *a fortiori* les enfants d'étrangers — ont du mal à s'y faire. Ils oublient ou le « ne » ou le « pas ». Le plus souvent c'est le « ne » qui passe à la trappe : « J'veux pas manger ma soupe ! Elle est pas bonne ! Et j'aime pas ça ! »

Impossible de leur en vouloir, tant cette règle grammaticale paraît tordue.

Pourtant, si nous souffrons de la bizarrerie de la double négation, c'est parce que nos ancêtres étaient trop logiques. Pas les Gaulois, les Carolingiens puis les Capétiens.

Il y a des lunes et des lunes, un seul mot suffisait pour exprimer la négation. Vous dire depuis quand, je *ne* le peux.

Mais dès le XIe siècle, le simple « ne » a été perçu comme trop faible. On finissait par ne plus l'entendre. Car « ne » se disait « nen » jusqu'en 950, lui-même issu du latin « non » (prononcer *nonne*, comme à la messe).

Par besoin d'expressivité auditive, « ne » a donc été renforcé par des noms positifs signifiant une quantité minime, devenus peu à peu des mots grammaticaux, teintés de négativité (goutte, mie, pas, mot, point, rien, néant), et par des adverbes de temps et de quantité (guère, jamais, plus). Des manuscrits de 1050 en attestent l'usage.

On utilisait toutefois ces expressions différemment d'aujourd'hui. Quand on disait « elle ne boit goutte », cela signifiait : « elle ne boit même pas une goutte ». « Elle ne coud point » signifiait : « elle ne coud même pas un point ». Ou, tout simplement, « tu ne marches pas » signifiait : « tu ne marches même pas un pas ».

Il en reste quelques survivances dans des expressions comme « je n'entends point », « je n'y vois goutte », « elle ne pipe mot ». Et pour cause !

La phrase se voulait par ailleurs concrète. Si le

mot « pas » — le plus couramment utilisé — était ambivalent par rapport à la situation, on en utilisait un autre.

De nos jours, l'usage de la négation simple se maintient, nous *ne* saurions le nier, dans un certain style littéraire. En revanche, dans le langage familier, « ne » tend à disparaitre. On s'en sert presque *pas*, mais c'est *pas* recommandé par l'Académie Française.

Jusqu'à preuve du contraire…

POURQUOI LE REVÊTEMENT DES POÊLES ANTI-ADHÉSIVES NE SE DÉCOLLE-T-IL JAMAIS ?

C'est l'une de ces questions qui échauffent l'intellect de l'honnête ménagère et empêchent son ingénieur de mari de mijoter sa blanquette à la poêle. Pourquoi le revêtement de la poêle Téfal (ou de toute autre marque anti-adhésive) n'aurait-il aucune raison de s'en aller ?

L'ingénieur, malin, donne la leçon : « Mais parce que rien ne colle au Téflon (c'est le nom de ce matériau ma chérie). C'est étudié pour, et cela justifie son prix. »

L'épouse : « D'accord. Mais s'il est si glissant, ton Téflon, il ne devrait pas coller au fond de la poêle. Il devrait s'en aller à la cuisson, ou au lavage. »

L'ingénieur : « Euh… Ah, j'oubliais, ils ont mis de la colle entre le fond de la poêle et le Téflon… »

L'épouse : « Et quel genre de colle, Einstein en slip ? Puisqu'y paraît que rien ne colle au Téflon !.. »

Etc. Manque plus que les rires enregistrés et on obtient le premier sitcom techno-familial.

Reprenons depuis le début. D'abord, le Téflon, qu'est-ce que c'est ?

Inventé en 1938 par Roy J. Plunkett, chercheur chez Du Pont de Nemours, le Téflon est en vérité (accrochez-vous) du polytétrafluoréthylène. Pour abréger, du PTFE. Le PTFE a ceci de particulier qu'il ne colle quasiment à rien du tout, et que rien ou presque n'accroche au PTFE. Ni une goutte d'eau, ni un bifteck.

Mais il y a une exception notable : le PFTE lui-même. On a découvert que pour coller du PTFE sur quelque chose, il suffit de placer entre les deux surfaces... du PTFE. Concrètement, si on veut faire tenir du Téflon (c'est-à-dire du PTFE) sur une clef à molette, ou — plus intéressant — sur un fond de moule à tarte, il faut mettre du PTFE entre les deux.

Nous voici revenus à la case départ.

Pas tout à fait. Car les savants ont heureusement trouvé la parade.

Ils prennent une poêle normale, avec un fond métallique standard. A l'intérieur de cette poêle, ils projettent du sable à très haute température. Ensuite, une première couche de Téflon y est vaporisée. On cuit le tout. Le métal, devenu granuleux, retient le Téflon brûlant qui s'y agrippe. Schématiquement, le PFTE se répand entre les interstices de sable. Comme si vous faisiez couler de la bougie sur une pierre-ponce : la cire se fixe aux aspérités.

Ensuite, pour obtenir une épaisseur suffisante de Téflon au fond de la poêle, une seconde couche est appliquée, cuite, et séchée. Cette fois aucun problème, puisqu'on colle du Téflon sur du Téflon. Et pour finir, une troisième couche s'y superpose. Toujours pas de souci à se faire : le Téflon adhère encore et toujours au Téflon. Donc à votre batterie de cuisine.

Mais pas à votre steak.

Dernière précision, à l'intention des ingénieurs : la blanquette, ça se mijote en cocotte, pas à la poêle.

Jusqu'à preuve du contraire…

POURQUOI LE FROID FAIT-IL MAL AUX DENTS, ET PAS LE CHAUD ?

Vous l'avez subi en dégustant une omelette norvégienne : la glace à la vanille vous serre les molaires tellement elle est froide (H'est f'oid !), alors que la meringue chaude passe sans douleur (H'est houillant hou'tant !).

Pire, en cas de rage de dents, on souffre davantage en buvant un verre d'eau qu'en sirotant un café. Ce qui est d'autant plus surprenant que le froid agit théoriquement comme un anesthésiant. Alors pourquoi ?

Il suffit d'une addition et d'une soustraction pour comprendre.

La température à l'intérieur de notre bouche avoisine les fameux 37° celsius. Si vous sucez un glaçon (établissons-le à zéro degré), la différence de température sera de 37 - 0 = 37°. C'est cet écart qui cause la douleur.

Pour obtenir le même intervalle thermique en sens inverse, avec des plats chauds, il faudrait les engloutir à une température de 37 + 37 = 74°.

Or, ce qui au palais nous parait brûlant excède

rarement les 50 degrés. Soit un écart d'une quinzaine de degrés seulement, bien inférieur à celui causé par le sorbet à la framboise de tante Clarisse. Donc beaucoup moins douloureux.

A titre de comparaison, les spaghettis chauds culminent à 35° au bout de la fourchette (les molaires ne les sentent pas passer). Et une fournaise comme la température d'inhalation de la fumée d'une cigarette sans filtre ne dépasse pas les 60°.

Voici pourquoi le chaud martyrise beaucoup moins les dents que le froid. Si vous en doutez, refaites le calcul. Mais vite. Avant que ça refroidisse.

Jusqu'à preuve du contraire...

POURQUOI LE PREMIER MOT QUE LES BÉBÉS PRONONCENT EST “MAMAN” ? ET POURQUOI EST-CE PRESQUE LE MÊME MOT DANS TOUTES LES LANGUES ?

La première partie de la question coule de source. De toute évidence parce que la mère est la première personne à laquelle l'enfant s'attache.

Mais la véritable interrogation réside dans l'universalité : pourquoi dit-on « maman » en français, « mummy » en anglais, « mama » en italien et encore « mama » en espagnol ? Pourquoi tous ces mots qui se ressemblent, alors qu'un verbe aussi important que « manger » se dit étrangement « manger » en français, « to eat » en anglais, « comer » en espagnol, ou encore « mangiare » en italien ?

Ne croyez pas que ce sont les mamans qui incitent leurs enfants à les affubler de ce tendre sobriquet. En fait, c'est le contraire. Ce sont les enfants qui ont baptisé leurs parents. Depuis la nuit des temps, et même le soir.

Quel que soit leur groupe linguistique, les enfants apprennent à prononcer les sons dans un ordre assez comparable. Cette progression commence après la fin de l'âge du babillage où tous les sons possibles sont employés au hasard. Dans le monde entier, au stade suivant, les bébés apprennent d'abord à distinguer et à prononcer la voyelle « a » et la consonne « m », puis les consonnes « n » et « p ».

Pourquoi ces sons-là ? Parce que ce sont les plus faciles à prononcer. D'où l'irruption des mots ressemblant à « papa » et « maman » ; les parents étant les premières personnes distinguées par l'intelligence naissante. Les voyelles « a », « i », et « e » ou « u », sont acquises avant les autres, et certaines langues primitives n'utilisent même que trois de ces quatre voyelles.

Pour les consonnes, les bébés apprennent d'abord celles qui sont formées par les lèvres, la langue ou les dents. Les consonnes formées dans la gorge, comme le « r », sont pour les tout-petits trop difficiles à émettre. Les sifflantes « s » et « sh » et les fricatives « f » et « th » sont parmi les dernières prononcées, et n'existent pas dans de nombreuses langues d'Océanie, d'Afrique et d'Amérique.

Revenons aux parents. A leur place, vous auriez

fait pareil. D'eux-mêmes, et inconsciemment, ils se sont donnés des noms que leur progéniture était capable de répéter. Si « maman » se prononçait « KROSHCKROTHRY », aucun enfant ne pourrait appeler sa mère avant l'âge de trois ans.

Celles qui en sont à leur cinquième soupirent. Cela leur aurait fait des vacances.

Jusqu'à preuve du contraire…

POURQUOI “22” SIGNIFIE-T-IL “VOILÀ DU DANGER” ?

« 22, v’là les flics ! » On l’entend très souvent dans les films de gangsters. Moins dans la rue. Ou alors, des gamins en train de faire une bêtise : « 22, v’là les parents ! »

Mais, pourquoi « 22 » ? Pourquoi pas « 10 » ou « 2435 » ? Pourquoi un nombre comme signal d’alarme ? Pourquoi pas « Attention ! » ou « Grouillez-vous ! » ?

Paradoxalement, ce sibyllin 22 ne sort pas de l’univers des truands, mais de celui des flics. Dans les bureaux, à la P.J. en l’occurrence, pour signaler que leur chef arrivait et qu’il fallait se tenir à carreau, des policiers avaient mis au point une formule. Ils avaient codé les mots à l’aide de lettres. Avec un principe simple :

A=1, B=2, C=3, D=4,.. jusqu’à Z=26.

«C.H.E.F» donnait donc C=3 ; H=8 ; E=5 ; F=6. En additionnant ces quatre chiffres (3+8+5+6), on obtient 22. Du coup, au lieu de dire : « Attention les gars : voilà le chef », ils lançaient : « 22 ». Ça allait plus vite et, surtout, le big boss ne pouvait pas comprendre — du moins au début. Il semble également que l'artifice ait été repris par les typographes qui s'en servaient pour prévenir de l'arrivée du chef d'atelier.

-« 41 ! »

Ce qui signifie : « J'arrête ici ; j'ai bousillé mon stylo à plume ! »

F=6 ; U=21 ; C=3 ; K=11.

Jusqu'à preuve du contraire…

POURQUOI FAIT-ON DES FARCES LE 1ER AVRIL ?

Toute la France s'amuse du 1er avril et de son cortège de galéjades. Une tradition si vivace qu'après les élections législatives de 1993, le président de la République François Mitterrand s'est hâté de nommer avant la fin du mois de mars Edouard Balladur à Matignon, afin que cela ne ressemble pas à une mauvaise blague.

L'explication de cette coutume remonte au règne de Charles IX.

Jusqu'au XVIe siècle, les Français fêtaient le nouvel an le 25 mars, ce qui correspondait peu ou prou au début du printemps. Les festivités, pendant lesquelles on s'échangeait étrennes et cadeaux, duraient toute une semaine, jusqu'au 1er avril.

Mais en 1564, le roi Charles IX décida d'appliquer le calendrier grégorien, en phase avec le mouvement des planètes, et pour qui l'année commençait le 1er janvier.

Beaucoup refusèrent de tenir compte de ce nouveau calendrier, et continuèrent à s'offrir des présents comme autrefois, entre le 25 mars et le 1er avril. Mais cela générait les moqueries d'une partie de la population, celle qui avait admis le nouveau calendrier. Pour brocarder cet attachement aux vieilles coutumes, ils s'amusaient à envoyer aux nostalgiques des cadeaux fantaisistes ou des invitations fictives à des fêtes qui n'existaient pas.

Comme à cette période de l'année, le soleil quittait le signe astrologique du poisson, celui qui servait de cible à ce genre de plaisanteries subissait malgré lui le quolibet de « poisson d'avril ».

La bonne blague.

Jusqu'à preuve du contraire…

POURQUOI LES MÉDECINS NOUS TAPENT-ILS DANS LE DOS?

Vous le subissez chaque fois que vous allez chez le docteur pour ne pas jouer au docteur. Lui non plus ne joue pas. D'une main experte, il tapote dans votre dos. Fermement mais délicatement, comme une grand-mère texanne essaie patiemment de faire couler le ketchup de la bouteille. (Elle est fatiguée, la grand-mère, mais elle sait surtout que rien ne sert de brusquer les éléments.)

Pourquoi ce geste ? Le médecin voudrait-il éprouver la solidité de votre colonne vertébrale ?

Non et non. Non parce que ce n'est pas une question de solidité. Non parce que la colonne vertébrale n'est pas en jeu.

Voici l'histoire de cette pratique médicale. Elle n'a de rapport ni avec le Texas, ni avec le ketchup ; pardon de vous avoir égaré.

En 1754, un médecin viennois, Leopold Auenbrugger découvrit qu'en frappant le thorax du patient, il pouvait diagnostiquer certaines lésions des poumons. D'où lui est venue cette intuition ? De son père.

Un médecin ? Non, un tavernier.

Papa Auenbrugger tenait une brasserie à Graz, en Autriche. Le brave homme avait coutume de jauger la quantité de vin qui restait dans ses tonneaux en frappant dessus ; le son creux indiquant la présence d'air et le son plein celle de vin.

A son tour, Auenbrugger-fils tapota le dos de ses patients, comme le faisait son père avec ses fûts. Grâce à quoi il sut déceler des lésions dans la cavité pulmonaire (tumeurs solides ou liquides). Le son répercuté par un poumon malade diffère de celui produit par un poumon en bonne santé. Le poumon n'est pas une masse uniforme, pleine et compacte. Les deux poumons s'inscrivent en effet dans les deux espaces pleuraux-pulmonaires, lesquels sont remplis d'air. Et le tissu pulmonaire lui-même contient de l'air.

Faites en vous-même l'expérience : prenez un bidon de lait, vous obtiendrez un son plus « creux » en cognant au-dessus du poumon rempli d'air, et un son plus « plat » à un endroit où la poitrine renferme des parties plus solides comme les muscles ou les os.

Pof ! pof ! pof ! Pendant sept ans, Auenbrugger expérimenta cette nouvelle méthode sur ses patients. En 1761, il en exposa les résultats à l'ensemble de la profession médicale dans un recueil passé depuis à la postérité. Je veux parler du fameux *Une nouvelle invention pour détecter par percussion.*

Aujourd'hui, le praticien peut ainsi déceler la pleurésie (le son est plus mat qu'à l'accoutumée), ou le pneumothorax (on parle alors d'hypersonorité, le poumon contient trop d'air).

D'un autre côté, ou plutôt de l'autre côté, des percussions sur l'abdomen révèlent parfois l'existence d'une occlusion intestinale.

Appelés familièrement « mini-rayons X » par les médecins américains, ces tapotements sont l'une des meilleures façons d'obtenir des informations sur notre état de santé. En tout cas la plus économique. Un proverbe bantou la résume : « Plus le tonneau est vide, plus il fait du bruit. »

C'est comme la tête.

Jusqu'à preuve du contraire...

POURQUOI LES EGYPTIENS MOMIFIAIENT-ILS LEURS MORTS?

Depuis l'inauguration du Grand Louvre, les momies sont à l'honneur. Et les visiteurs ne cessent de se demander pourquoi les Egyptiens avaient mis au point un cérémonial et des techniques aussi complexes. Pourquoi ne pas enterrer leurs morts, ou les brûler ?

Cela tombe sous le sens : c'est parce qu'ils croyaient à la réincarnation.

La réincarnation ? S'ils y avaient cru dur comme fer, pourquoi pratiquer la momification, avec potions balsamiques de jouvence, cristaux de soude carbonatés, bandelettes, service religieux et tout le trafic ? Il leur suffisait de laisser les défunts en l'état, et d'attendre sans souci qu'ils se réincarnent...

C'était sans compter les quatre enveloppes. Oui, les 4.

Les Egyptiens décomposaient — c'est le cas de le dire — le corps humain en quatre éléments distincts : l'enveloppe charnelle, l'âme, l'ombre, et ce qu'ils appelaient l'*akh* (prononcer « ar »), qui était en quelque sorte la personnalité de l'individu. Les croyances religieuses indiquaient qu'après le trépas, ces quatre éléments avaient une fâcheuse propension à partir folâtrer dans des directions différentes.

Or, une *bonne* réincarnation n'était possible que si les quatre composantes étaient rassemblées. Les Egyptiens pensaient que l'enveloppe charnelle intacte empêchait les trois autres éléments (l'âme, l'ombre, et l'akh) de partir dans une mauvaise direction ; un peu comme l'aluminium conserve la saveur du poisson cuit au four en papillote. Du coup, ils se faisaient momifier afin de conserver la plus grande intégrité corporelle. Ils se voulaient étanches, quoi...

Si la famille du disparu n'était pas assez riche pour le momifier, ou si l'embaumement n'avait pas été effectué selon les règles, les survivants craignaient le pire. Non pas que le défunt ressuscite, mais qu'il subisse une *mauvaise* réincarnation.

Par exemple, qu'il se réincarne sans ombre.

Ne riez pas. La crainte était fondée. Mal sertie

dans son enveloppe, l'ombre pouvait filer vers une destination opposée à celle des trois autres éléments. Le malheureux serait revenu à la vie sans que son ombre ne le suive.

Tout est relatif. Un drame pour les Egyptiens. Le fond de commerce de Lucky Luke.

Jusqu'à preuve du contraire…

POURQUOI, AU THÉÂTRE, Y A-T-IL LE CÔTÉ COUR ET LE CÔTÉ JARDIN ?

Vous connaissez cette paire de magnifiques expressions[1]. Vous croyez même vous souvenir que le côté cour, c'est le côté qui se trouve à gauche de l'acteur quand il regarde le public, et le côté jardin, c'est l'autre : le côté qui se trouve à sa droite. Et vous avez raison.

1. Frappant à quel point l'expression « cette paire de magnifiques expressions » est une vilaine expression…

Mais de quel auteur génial viennent ces dénominations fleuries ? Eschyle ? Shakespeare ? Michel Leeb ?

Beaumarchais. Sans qu'il n'y soit pour rien.

Nous sommes en 1784, à Paris, où des acteurs répètent *Le Mariage de Figaro*. Ces acteurs, ce sont les sociétaires de la Comédie Française. Suite à des problèmes de place, l'intendance les a provisoirement installés aux Tuileries dans la salle des machines. L'endroit fait face à la Seine. Quand les acteurs regardent le fleuve, ils ont à leur gauche la cour du Palais des Tuileries, et à leur droite un jardin qui s'étend à l'époque jusqu'à la place de la Concorde. Ils ont donc à leur gauche le côté « cour », et à leur droite le côté « jardin ».

Présentée pour la première fois au public, la pièce connut un triomphe. Et le binôme cour/jardin a lui aussi brûlé les planches. Mais au fait, à quoi servaient ces appellations ?

Pendant le spectacle, à rien.

Mais auparavant, lors des répétitions, elles devinrent indispensables. Et elles le sont toujours.

Par exemple, quand le metteur en scène demande à une actrice de se décaler vers la gauche, celle-ci s'interroge : vers la gauche du metteur en scène, ou vers ma gauche à moi ? En revanche, si le metteur en scène lui demande de se décaler côté jardin, autrement dit vers sa gauche à lui, la comédienne comprend aussitôt qu'elle doit faire deux pas sur sa droite à elle. Logique.

Ainsi, que l'on se trouve sur scène ou dans la salle, on n'a plus besoin de s'orienter pour s'orienter.

« Bâbord » et « tribord » rendent des services similaires sur un bateau.

Bon. C'est bien joli, tout ça, mais beaucoup ont déjà oublié où étaient le côté « cour » et le côté « jardin ». Voici un moyen mnémotechnique. Quand vous êtes du côté du public — il faut toujours se mettre à la place du public, c'est la clef du succès —, pensez à Jésus Christ.

J.C. pour les intimes.

Observez ses initiales. A gauche : J comme jardin. A droite : C comme cour.

Si vous êtes sur scène, revenez à votre place. Ça énerve tout le monde.

Jusqu'à preuve du contraire...

POURQUOI LES BELGES ONT-ILS INVENTÉ LA FRITE?

Comment imaginer un bon steak-frites sans frites ? C'est tout bonnement impensable. (Alors qu'on peut très bien imaginer un poulet-frites sans steak ; pour vous dire à quel point les frites sont indispensables à la gastronomie.)

Comment imaginer un trottoir belge sans frites ? C'est tout bonnement impensable. La frite est au Belge ce que le Belge est à la frite : une part de son patrimoine.

Techniquement, la frite s'obtient d'une pomme de terre, épluchée, coupée en lamelles parallélépipèdiques, et plongée dans l'huile bouillante. Pourquoi les Belges ont-ils élaboré un mode de cuisson si complexe — et si riche en lipides — plutôt que de la faire cuire à l'eau, sur la braise, ou poêlée en tranches ? Et d'abord : pourquoi les Belges ? Pourquoi pas les Français, nous autres dépositaires planétaires de l'art culinaire, à tel point qu'en anglais « frites » se dit «*French fries*» ?

A cause de notre lenteur. Contrairement à une idée reçue, ce n'est pas le Français Parmentier qui a répandu l'usage de la pomme de terre en Europe. L'homme au hachis du même nom ne l'a fait que dans notre pays, et seulement à partir de 1773. Or la pomme de terre, rapportée d'Amérique par les conquistadores, est dégustée dès le début du XVIIe siècle de l'Espagne à la Prusse, en passant par... les provinces belges. En Belgique, la culture de la pomme de terre se répand à partir de 1680 ; tant et si bien que quelques années plus tard la province du Hainaut en exporte vers l'Angleterre. Bref : comme Eddy Merckx dans le Tourmalet, les Belges sont en avance.

Le décor est planté. L'Histoire est en marche.

Tout va alors se jouer à Namur, sur les bords de la Meuse. A cette époque, les Namurois cultivent en plus du tubercule une tradition charmante : la fête à la friture. Ils pêchent dans la Meuse chaque année à la même période de petits poissons qu'ils font ensuite frire à l'huile. Toute la ville se réunit alors pour déguster la friture.

Or, une année (on ne sait plus laquelle exactement), survient un inconvénient majeur : la rivière est gelée. Une vraie banquise. Impossible de pêcher. Pas de fête à la friture.

Qu'à cela ne tienne ! Les Namurois ne s'avouent pas vaincus pour autant. Ils découpent des pommes de terre en petits bâtonnets, de la forme et à la taille des poissons, puis les font frire. Inutile d'en rajouter, vous avez compris : la frite était née.

La première trace écrite de la légendaire recette remonte à 1781. La dernière trace remonte à hier soir, sur le tablier de Walter Waterzoï, agent de nettoyage chez Burger-Magic à Bruxelles.

Jusqu'à preuve du contraire...

POURQUOI LES PSYCHANALYSTES INSTALLENT-ILS LEURS PATIENTS SUR DES DIVANS ?

Grâce à Henry Chapier, les Français connaissent l'image du psy et de son inquiétant canapé. Même les plus inconscients ont en tête une idée du mauvais goût que recèle à lui seul un cuir double vachette pleine fleur teint en jaune citron. Mais le message est passé : à défaut d'avoir des talents de décorateur, dans la vraie vie, les vrais psychanalystes installent vraiment leurs patients sur des divans.

Pour quelle raison ? Et est-ce que ça se soigne ?

Tout commence bien avant l'invention du tube cathodique, à la fin du siècle dernier, à Vienne, chez Sigmund Freud.

Le jeune Sigmund se lance dans la carrière médicale comme neurologue. A vingt-neuf ans, il part étudier à Paris sous l'autorité du docteur Charcot, un novateur qui soigne l'hystérie par l'hypnose à l'hôpital de la Salpêtrière.

Très impressionné, Freud retourne à Vienne l'année suivante. Il ouvre son cabinet en 1886. A partir de 1892, il délaisse peu à peu l'hypnose pour se consacrer à la méthode de la suggestion, puis à la technique psycho-analytique de la libre association des images, des souvenirs, des idées, et plus communément tout ce qui peut s'exprimer par les mots. Cette intuition géniale lui rapportera célébrité et postérité : l'invention de la psychanalyse.

C'est parti pour des siècles de logorrhée. Freud recommandait que le patient soit allongé et qu'il ne voie en aucun cas son analyste.

Quel rapport entre le *moi*, le *ça*, le *surmoi*, le complexe d'Œdipe et le fameux divan ?

Euh,... pas tout à la fois.

D'abord, pourquoi dos au praticien ? A l'évidence, pour que le patient se confie avec une plus grande liberté. Peut-être a-t-il l'impression de se parler à lui-même ; en tout cas cette configuration lui évite de se bloquer en fonction des réactions du thérapeute.

Quant à la position allongée, c'est la seule contrainte que Freud ait conservée des pratiques de Charcot. Sous hypnose, forcément, il n'était pas rare que les patients du médecin français ne tiennent plus sur leurs jambes et s'écroulent. D'où, pour les soutenir, le divan.

Inventé par Charcot, importé par Freud, et confisqué par Woody Allen.

Jusqu'à preuve du contraire…

POURQUOI LES PIPES EN BOIS NE S'ENFLAMMENT-ELLES PAS?

Rappelez-vous Popeye. L'heureux homme fumait la pipe. Coléreux, il engloutissait les épinards. Sa pipe crachait alors des flammes. Mais ne prenait jamais feu.

Or sa bouffarde était en bois. Et le bois, ça brûle. Si vous avez une cheminée, vous êtes bien placé pour le savoir. Alors ? Juste une question de physique.

Contrairement aux idées reçues, les pipes ne sont pas taillées dans un bois chimiquement traité. Quand on fume une pipe pour la première fois, elle brunit évidemment, elle brûle un peu, mais ne s'enflamme pas. C'est que le bois brûle très mal. Ou plutôt, il brûle lentement. Sa combustion nécessite beaucoup d'oxygène, surtout s'il est très dense — ce qui est le cas de la bruyère dont on fait les pipes. Pour que naissent des flammes dans votre pipe, il faudrait qu'une très grande quantité d'oxygène puisse être sans cesse renouvelée à l'intérieur. Ce qui reviendrait à la fumer avec une bonbonne d'air sous pression.

Ensuite, au fur et à mesure que le tabac se

consume, une couche de carbone se forme sur les parois internes du fourneau, et cette gangue servira de protection contre le feu. Le bois n'aura plus de contact direct avec l'oxygène de l'air. Autant de raisons qui font que les pipes ne s'enflamment pas.

Mais j'entends d'ici se réveiller l'AFC (Amicale des Fumeurs de Calumet) : pourquoi ne pas directement fabriquer des pipes dans une matière qui ne brûle en aucune circonstance, comme le métal, ou la pierre de taille ?

Eh bien, cela existe. On trouve des bouffardes en terre, en porcelaine, et même en écume, qui est le nom usuel de la magnésite, qui est le nom usuel du silicate. Mais ces engins-là trouvent difficilement preneurs. Car le bois présente encore deux avantages.

D'abord, il conduit très peu la chaleur. Le pipeur ne se brûle donc ni les doigts ni les lèvres.

Ensuite, en sus du cancer et de l'hostilité de l'entourage, un mal sournois guette le fumeur : le poids. Pas le sien, celui de la pipe. La pression exercée par le tuyau sur les incisives cause, à la longue, de réels dommages aux dents. Or le bois pèse beaucoup moins que la porcelaine ; et les essences sélectionnées pour les pipes brillent également par leur légèreté.

La morale de l'histoire réjouira les amateurs de morale : il reste possible de faire un exposé sur la pipe sans un seul sous-entendu graveleux.

Jusqu'à preuve du contraire…

POURQUOI GLISSE-T-ON SUR DE LA GLACE, ET PAS SUR DU VERRE ?

Vous le savez : la glace et le verre sont des surfaces aussi lisses l'une que l'autre. Par conséquent on devrait glisser avec autant de facilité sur une vitre que sur la banquise. Pourtant, été comme hiver, le sol des patinoires est invariablement en glace, — je veux dire en eau gelée —, et jamais en verre. Alors que dans votre salle de bain, la glace est en verre. Ce qui pousse à réfléchir.

Justement. On pourrait croire qu'il s'agit là d'une fausse question ; personne n'ayant jamais pratiqué le patin à glace sur du verre parce qu'il n'existe pas de plancher vitré suffisamment large. Impossible de savoir si ça glisse ou pas.

Objection, votre honneur ! Le marbre peut s'avérer aussi lisse que le verre ou la glace. Et à la différence de Rodin, aucun hockeyeur n'exécute ses figures sur du marbre. Sa surface ne laisse pas glisser le patin.

Donc, pour la glace, y'a un truc. C'est Surya un truc…

Ce truc, c'est l'eau. Vous le savez, l'eau gèle à zéro degré celsius. Et quand la température s'élève, la glace redevient eau. C'est en tout cas ce qui se produit dans les conditions normales de pression. Mais si la pression atmosphérique s'élève, l'eau gèle non plus à 0°, mais *en dessous* de cette température. Par exemple, sous une pression de 130 atmosphères, l'eau gèle à -1°.

Or, quand le patin appuie sur la glace, il exerce sur elle une pression très largement supérieure à la pression normale, celle exercée par l'air ambiant. Imaginez : votre poids, réparti entre deux lames d'une surface de moins d'un centimètre sur vingt. Du coup, sur ce périmètre minuscule sur lequel pèse le patin, bien que la température n'ait pas varié, la glace fond puisque la température de fusion est alors plus basse. Et c'est cette eau, issue de la glace fondue, qui va agir comme un lubrifiant. Et par conséquent laisser glisser le patin.

Mais vous ne manquerez pas d'objecter[1] qu'au bout de quelques minutes, lorsque les patineurs auront effectué pléthore de doubles flips et triples axels, la glace, à force de fondre ici, là, ailleurs et partout, la glace disions-nous ne devrait devenir qu'une grande flaque marécageuse.

Il n'en est rien. Juste après le passage du patineur, en quelques centièmes de seconde, la pression redevient normale et, du coup, sans changer de température, l'eau se retransforme en glace. Au grand ravissement des fous du patin.

Ça roule !

Jusqu'à preuve du contraire...

---

1. Je m'aperçois avec joie que vous suivez le raisonnement.

POURQUOI, EN MATHS, L'INCONNUE EST-ELLE PRATIQUEMENT TOUJOURS UN "X" ?

Même si vous préférez les problèmes de robinets, vous l'avez déploré : dans les équations, il y a toujours un « x » qui traîne. Et encore, s'il n'y en avait qu'un seul... Comme par exemple dans $4x^3 - 7x^2 + 2x - 11 = 0$, équation typique du troisième degré (ah ! que ces choses-là font mal quand on ne s'y attend pas !).

En justice, le x abrite encore l'ambiguïté : on porte plainte contre X quand on ne sait pas contre qui la diriger. Jamais contre « Untel ».

Ce qui ne règle pas le problème. Pourquoi toujours « x » ? Pourquoi pas « a », ou « z » puisque toutes les lettres ont justement la même valeur, symbolique, celle qu'il faut découvrir ?

Ce sont les mathématiciens arabes qui ont élaboré et affiné il y a près de deux mille ans le principe des équations ébauché dès le XVIe siècle *avant* Jésus-

Christ par les Egyptiens. Ce fut, on s'en doute, une révolution.

L'algèbre rudimentaire des Egyptiens utilisait l'hiéroglyphe *hau* (tas, monceau) pour désigner la solution. Quant à leurs successeurs arabes, ces brillants esprits cherchaient encore et toujours une inconnue. Et comme ils ne savaient toujours pas quelle était cette chose, ils l'ont baptisée... « chose », tout simplement. Ce qui se disait, en arabe de l'époque, « shei » (en français : chose, quelque chose, machin, truc...).

Certains ouvrages d'étymologie avancent que les Grecs l'ont ensuite traduit par « xi », puis l'ont abrégé en « x ». L'explication semble trop belle. Question de concordance de temps. En effet, la civilisation grecque a cessé de produire des mathématiciens au troisième siècle de notre ère avec Diophante d'Alexandrie.

Bien plus tard, le mathématicien italien Fibonacci, également connu sous le nom de Léonard de Pise, emploie le mot latin « res », « chose », traduction de « shei ». On en trouve trace en 1202 dans son *Liber Abaci* (traité de l'abaque). Il consacrera en Occident les chiffres arabes et le zéro.

Finalement, c'est un Français, le très cartésien René Descartes qui crée en 1637 la notation algébrique moderne, où les données sont représentées par les premières lettres de l'alphabet (a, b, c,..), et les inconnues par les dernières (x, y, z...).

Une pure convention qui n'est toutefois pas sans

1- Livre rédigé précisément en grec.

rappeler l'alpha et l'oméga, première et dernière lettre de l'alphabet grec dans L'Apocalypse[1]. « Je suis l'alpha et l'oméga » dit le Seigneur Dieu. Le début et la fin de toute chose. Le passé et l'avenir. En extrapolant, dans une équation : les valeurs établies, et celles à découvrir. Mais Descartes était-il remonté si loin ?

En physique, la dénomination « rayons X » apparaît en 1904. Elle provient du fait que ces rayons ne pouvaient être identifiés, bien qu'on en perçût les effet. Depuis, nous savons qu'il s'agit d'un faisceau d'électrons, particules ignorées à l'époque.

Résumons nous. Le x, c'est seulement une chose. Et justement, j'en connais — et pas seulement des matheux — que les films X rendent tout chose.

Jusqu'à preuve du contraire...

POURQUOI UN BAIN À 30° NOUS PARAÎT-IL FROID, ALORS QUE NOUS SUFFOQUONS DANS UNE PIÈCE À 30° ?

Vous l'avez déjà vérifié thermomètre en main. Un bain à 30° évoque l'océan antarctique (brrrr !), alors qu'une chambre à 30° rappelle le Sahara (pff-fiou !).

Une seule et même température, deux effets ; comment est-ce possible ?

Osons une hypothèse : parce que dans un cas, on est dans l'eau, et dans l'autre, on est dans l'air. Bien joué La Palice, mais qu'est-ce que ça change ?

Commençons par le commencement : la température de notre corps est de 37°, et notre organisme doit lutter sans cesse pour la maintenir. A 30°, que l'on soit dans l'air ou dans l'eau, le milieu extérieur nous vole de la chaleur.

Or, l'eau et l'air n'ont pas la même captation de chaleur : l'eau capte la chaleur près de vingt fois plus que l'air. C'est pourquoi le forgeron trempe le fer rouge dans l'eau pour le faire refroidir rapidement plutôt que de le laisser à l'air libre.

Revenons à nous. Dans l'air, la température qui nous satisfait se situe aux alentours de 20°. Quand l'air est à cette température, on ne ressent ni le chaud ni le froid ; pour la bonne raison que notre organisme n'a pas à faire d'effort pour maintenir le corps à 37°. Quand la température de l'air est supérieure à 25°, en plein été par exemple, notre corps surchauffe parce que l'air ne nous prend pas assez de chaleur. Du coup, l'organisme réagit pour que la température corporelle baisse. On transpire...

En revanche, un bain à 30° ne nous cause pas du tout la même impression. On l'a vu, l'eau capte la chaleur vingt fois plus vite que l'air. Par conséquent, notre organisme doit fournir beaucoup plus d'énergie pour nous maintenir à 37°. Et, du coup, le bain nous paraît froid.

Gardons-nous toutefois de prendre nos bains bouillants. Cela donne des varices et le teint blême. Même en hiver.

Jusqu'à preuve du contraire...

POURQUOI LES ARAIGNÉES NE S'ENGLUENT-ELLES PAS DANS LEUR PROPRE TOILE?

Peut-être avez-vous déjà assisté à ce cauchemar : une araignée tentaculaire et velue se jette sur le pauvre moucheron qui vient d'échouer dans sa toile.

Certes, toutes les araignées ne chassent pas à l'aide d'une toile. On en a recensé plus de 32 000 espèces. Parmi elles, l'araignée-loup poursuit ses proies. L'argyronète, qui vit dans l'eau, utilise une cloche de plongée. La mygale creuse des puits dans le sol et installe des trappes. Ici, nous parlons évidemment de nos amies les argiopes, la famille la plus connue.

Mais on cause, on cause, et notre moucheron se débat encore et toujours, pris de panique, englué de plus belle, définitivement incapable de s'échapper. Et voilà que l'araignée glisse jusqu'à sa proie, avec adresse, comme si elle descendait en rappel, ou le long d'une corde lisse. Comment s'y prend-elle ?

Cette rusée tisse une toile qui ne l'est pas moins. Un organe spécial, baptisé filière, secrète un fil de soie. En apparence seulement. Car à y regarder de plus près, l'arachnide est capable de tisser deux sortes de fils : des fils gluants et d'autres qui ne le sont pas. Pour fabriquer son piège, elle commence par tendre un cadre de fils non-collants : la trame de la toile. Ensuite, elle tisse le centre de la toile, toujours en fils non-collants, puisque c'est là qu'elle se tapit en attendant ses proies. Pour parachever l'ouvrage, en partant du milieu, l'araignée tisse des cercles concentriques de plus en plus larges, gluants cette fois.

Lorsqu'un insecte s'y laisse emprisonner, il gigote frénétiquement pour tenter de se dépêtrer de cette mélasse. C'est le signal de la fin. Car l'araignée le repère justement grâce aux vibrations soudaines de la toile. Elle parvient jusqu'à lui en ne circulant que sur les fils non-gluants, dont elle seule connaît l'implantation. Un peu comme les soldats qui ont en poche la carte des mines qu'ils ont déposées sur le terrain à l'intention de l'ennemi.

On a cependant observé qu'une araignée maladroite peut s'emmêler l'une de ses huit pattes dans l'un de ces innombrables fils gluants, et rester prisonnière de son propre piège. Mais le fait est rarissime.

Les araignées, comme le Pape et le riz étuvé, sont par définition incollables.

Jusqu'à preuve du contraire…

POURQUOI REPRÉSENTE-T-ON TOUJOURS LES SORCIÈRES À CHEVAL SUR UN BALAI?

Personnellement, si l'on excepte ma bien-aimée, je n'en ai jamais croisé. Mais comme moi, vous n'ignorez pas que les contes et les légendes montrent toujours les sorcières juchées sur de sinistres balais qui leur servent de moyen de locomotion, aussi rapide que vétuste, plus proche de la mobylette supersonique que de l'aspirateur.

Les sorcières effraient l'homme depuis la plus haute antiquité. Filles illégitimes du diable, elles sont capables de jeter des mauvais sorts, de manger les petits enfants, et de se curer le nez à table. Mais surtout, les sorcières ont le pouvoir surnaturel de voler. Notamment pour se rendre sur les lieux du Sabbat, généralement situé dans un bois éloigné, battu par les vents et sombre à faire peur.

Au décollage, les sorcières avaient autrefois deux solutions. Soit elles enfourchaient un animal fantasmagorique — du type bouc avec des ailes —, soit elles enfourchaient un balai. Pourquoi un balai ? Parce qu'avant de prendre leur envol, ces ignobles créatures étaient censées se badigeonner le corps d'un onguent spécial, à l'aide d'un petit balai (ou d'un gros pinceau) qu'elles plaçaient ensuite entre leurs jambes noueuses et avilies.

C'est là que ça se gâte. Car la rocambolesque légende s'est ensuite répandue de façon très officielle.

Au Xe siècle, l'archevêque de Trêves, Réginon de Prüm écrit un guide de discipline ecclésiastique dans lequel figure le *canon episcopi*, extrait d'un capitulaire carolingien. Ce capitulaire, autrement dit cette ordonnance, bref, ce texte comporte la description précise de la sorcière, hantant les campagnes en poussant des hurlements, la nuit, chevauchant une bête ou un balai.

Les démonologues invoqueront ce document pour justifier la répression. Le premier véritable procès de sorciers se tient en 1459, dans le comté d'Artois. Une prostituée, un artiste peintre et leurs prétendus complices sont accusés de sorcellerie. Sous la torture, les bougres avouent à leurs juges, le chanoine d'Arras et l'évêque franciscain Jean de Beyrouth, qu'ils ont participé à des sabbats, et qu'ils s'y rendaient à cheval sur des balais. Ils finiront brûlés sur l'échafaud après que l'inquisiteur ait détaillé à la foule apeurée le récit de leurs turpitudes.

Ce procès marque le début du mythe de la sorcellerie. D'innombrables chroniqueurs le relateront sous toutes ses formes.

Résultat : aux XVIIe et XVIIIe siècles, les sorcières, souvent représentées dans le théâtre populaire, montent sur les planches leur balai entre les cuisses.

En coulisse, les accessoiristes ont contribué à perpétuer l'imagerie. Faut les comprendre. Plutôt qu'un balai, essayez donc de dégotter un bouc avec des ailes. Pas facile ensuite de le convaincre de jouer Arlequin sur scène.

Jusqu'à preuve du contraire…

POURQUOI LES VAUTOURS N'ONT-ILS PAS DE PLUMES AUTOUR DU COU ?

Rappelez-vous les sinistres vautours, battant sournoisement des ailes depuis les westerns sans spaghetti jusqu'aux épisodes désertiques de Lucky Luke ; ces charognards qui se repaissent d'animaux morts, plongeant dans les carcasses ; leurs mouvements secs, leur regard avide. Mais surtout leur cou. Un cou nu, long et noueux comme une nuque de croque-mort, sans plumage, ni ramage, prêt à expédier la tête de l'oiseau dans les recoins de chair putride. Pas une plume n'y pousse. Pour quelle raison ?

Avant toute réponse, permettez-moi d'ouvrir une parenthèse.

(.

Voilà. Je laisserai volontairement à l'écart le majestueux gypaète barbu, cher à Vialatte. *Gypaëtus barbatus* ne se contente pas de sa condition de charognard et n'hésite pas à s'attaquer à des animaux vivants, de grande taille parfois, tels serpents, tor-

tues, lièvres, lapins, et même de jeunes gazelles. Là n'est pas le moindre de ses mystères, puisque le gypaète barbu doit son nom au toupet hirsute qui lui recouvre le menton à la manière d'une barbe, ainsi qu'à son cou richement fourni, orné de longues plumes lancéolées. Il est donc aujourd'hui hors-sujet.
).

Parenthèse fermée, nous ne chanterons ici que le roi des vautours, le vautour royal *(Sarcoramphus papa)* qui vit sur le continent américain. C'est le plus célèbre. Le plus photogénique. Le plus craint aussi. Pas seulement par les cow-boys égarés sans gourde dans la Vallée de la Mort. A l'approche du vautour royal, les autres espèces réunies autour d'un bon gros cadavre s'éloignent prudemment. Ses rivaux le repèrent de loin : le bec est crochu, la queue noire, le collier touffu et grisâtre. Le cou, comme le jabot, est nu, avec juste quelques excroissances de chair.

Pourquoi cette nudité locale ?

Certainement pas pour faire peur ; dans le monde animal, ce sont au contraire les plumes et les poils qui peuvent effrayer l'adversaire par leur taille imposante. Pour tenir la bête au frais ? Mais dans ce cas le corps entier du vautour serait déplumé...

Alors ? Il s'agit en fait d'un motif d'hygiène. Le vautour royal adore plonger la tête sous la viande. S'il avait des plumes dans le cou, elles ne tarderaient pas à abriter toutes sortes de parasites : des vers à viande ou des insectes, tout ce qu'on peut rencontrer comme sales bestioles dans des abats sanguinolents. D'où des risques de maladie supplémentaire. La sélection naturelle a fait œuvre de salubrité.

En dépit des apparences, le vautour n'a rien d'un parasite nuisible. Ce falconidé (sous-embranchement des gnathostomes) empêche par son appétit la pourriture d'énormes quantités de substances organiques, évitant à l'homme, sous des climats chauds et humides, de terribles épidémies. Qui d'autre se délecterait de viscères en état de décomposition avancé ?

Un foie, deux reins, trois raisons d'aimer le vautour.

Jusqu'à preuve du contraire…

POURQUOI ENTEND-ON PARFOIS UN BRUIT DE GRILLON DANS LE MÉTRO PARISIEN ?

Vous avez déjà entendu ces doux crissements à Réaumur-Sébastopol. Ou à Charles de Gaulle-Etoile. Et vous vous êtes demandé d'où pouvait venir cette sonorité si semblable à la stridulation des grillons. Etait-ce un métro qui freinait dans le lointain ? La machinerie mal huilée d'un escalator ?

Non. Ce sont réellement des grillons qui grésillonnent. Qui craquettent si vous préférez.

Le métro parisien abrite plusieurs dizaines de milliers de grillons. Ils sont arrivés dans la capitale au début du siècle, sans doute embarqués dans des cageots de fruits et légumes de Provence. Une petite colonie s'est retrouvée dans le métro, et a proliféré. Parce qu'une station de métro, pour un grillon, c'est le paradis.

Il y a de la lumière. Les flaques de pluie et d'eau qui suinte des tuyauteries font d'excellents abreuvoirs. Les miettes de biscuits ou de sandwiches que jettent les voyageurs remplacent avantageusement la cuisine du Midi. Mais le plus avantageux pour le grillon, c'est qu'il trouve dans le métro une chaleur estivale.

Pas sur le quai. Mais au niveau des rames elles-mêmes, exactement entre les rails. C'est là qu'ont élu domicile ces insectes orthoptères. Chaque fois qu'un métro freine, ses freins chauffent[1] et cette chaleur évacuée est stockée par le ballast, la pierre grise sur laquelle s'appuient les rails. Les voyageurs frigorifiés seront stupéfaits d'apprendre qu'il règne à cet endroit précis une température de 27° aux alentours de 4 h du matin, et plus de 32° entre 18 h et 21 h, — et parfois davantage en cas de trafic intense.

Ravis, les grillons se mettent à chanter de toutes leurs élytres dès que les rames surchauffent.

Après avoir tenté de les éradiquer, la R.A.T.P. a finalement adopté les grillons. Ils lui sont même devenus utiles : ils assainissent le réseau en mangeant les détritus, et donnent à l'affaire un côté champêtre et charmant.

Vivement les coquelicots dans le RER !

Jusqu'à preuve du contraire…

1. Le principe du freinage consiste justement à transformer l'énergie mécanique en chaleur.

POURQUOI LES BAINS SONT-ILS SI RELAXANTS ?

Vous le savez, vous en jouissez, le bain détend, délasse, repose, relaxe. Il arrive même qu'il nettoie... Par quel miracle un procédé aussi simple procure-t-il un tel plaisir ?

La présence de l'eau ? La pluie nous mouille tout autant.

La chaleur ? Le bain réchauffe les frileux, mais pas mieux que la douche. Et pas davantage qu'un lit avec kit complet : édredon rembourré et bouillotte brûlante.

La position allongée ? Certes, contrairement à la douche, cela joue. Mais cela ne suffit pas à expliquer les exceptionnelles propriétés apaisantes du bain. Car il y a bien d'autres endroits où s'allonger. S'étendre sur son lit, même une demi-heure, ça repose, je vous l'accorde ; mais rien de comparable à la félicité offerte par ne seraient-ce que 30 minutes de bain.

Alors, nommons le responsable. Archimède. Si les bains nous relaxent autant, c'est grâce à lui. Vous connaissez le principe : *tout corps plongé dans un liquide subit une poussé verticale, dirigée de bas en haut, égale au poids du liquide déplacé.*

En effet, lorsqu'on se trouve dans l'eau, dans une

piscine par exemple, notre corps est repoussé à la surface des flots en vertu de ladite poussée. En deux mots : on flotte.

Dans le bain, même topo. La poussée d'Archimède nous porte. Si l'on ne flotte pas, c'est simplement parce que la baignoire n'est ni assez large ni assez profonde pour nous immerger complètement.

Cependant le résultat est identique : l'effet de la pesanteur s'atténue, on pèse moins lourd. Moins de pression sur nos muscles et sur nos articulations, et par conséquent moins de fatigue. On se trouve dans un état de semi-pesanteur. Autant dire de béatitude.

Celui qui accuse 80 kg sur la terre ferme ne pèsera plus que 25 kg environ dans son bain (cela dépend de la profondeur de la baignoire).

Vous en doutez ? Vérifiez-le en plongeant votre balance au fond de l'eau. Évitez le bain moussant. Ça ne fausse pas les calculs, mais ça empêche de lire le cadran.

Jusqu'à preuve du contraire…

P.-S. : par souci de clarté, nous avons volontairement indiqué les poids en kilogrammes, plutôt qu'en sthène ou en Newton. Le kilogramme est une unité de masse, certes, mais essayez donc d'expliquer cela à quelqu'un qui attend que la salle de bain se libère…

POURQUOI, EN CUISINE, LES PRÉPARATIONS DITES "INSTANTANÉES" NE SONT-ELLES JAMAIS RÉELLEMENT INSTANTANÉES ?

Permettez-moi de m'adresser en priorité aux véritables cordons bleus qui ont tout le temps, pendant que le rôti mijote, de lire des livres.

Quelque chose a dû vous frapper vous aussi : pour réaliser une purée en sachet prétendument instantanée, il faut compter un bon petit quart d'heure. C'est ordonné sur le carton. 1/ Mesurer un demi-litre d'eau et un quart de litre de lait. 2/ Mélanger. 3/ Faire bouillir dans une casserole. 4/ Une fois que le mélange a bouilli, le retirer du feu et le laisser refroidir pendant trois minutes montre en main. 5/ verser ensuite la purée en poudre. 6/ Ne surtout pas mélanger immédiatement ! 7/ Attendre deux minutes avant de touiller avec une spatule — en bois et rien qu'en bois, s'il vous plaît. 8/ Ajouter au choix une noisette de beurre, ou un jaune d'œuf, ou du fromage râpé. 9/ Enfin, disposer dans une assiette creuse et... manger sa purée.

Idem pour la mousse au chocolat. Rien n'est jamais *vraiment* instantané.

A l'heure du fax et du TGV, pourquoi ne fait-on pas plus simple : verser les flocons dans de l'eau chaude, et hop, le tour serait joué. C'est ce que souhaitent les femmes actives, non ?

Non.

Si les préparations instantanées étaient réellement instantanées, en dépit des apparences, elles se vendraient moins bien.

Au début des années 60, quand les fabricants ont lancé les produits instantanés, (la première purée — Mousline — date de 1963), leurs préparations étaient parfaitement au point. Il n'y avait quasiment rien à faire pour réussir sa mousse au chocolat. Tant et si bien... que ça n'a pas marché. Les femmes n'en ont pas voulu.

Pourquoi ? Paradoxalement parce que, justement, ces préparations étaient instantanées. Inconsciemment, les ménagères culpabilisaient de n'avoir rien à faire. Elles avaient l'impression de ne plus remplir leur rôle de maîtresse de maison.

Il a fallu de longues études de marketing pour que les fabricants prennent la mesure de la complexité de l'esprit féminin. (Pardonnez le sexisme apparent du raisonnement, mais c'est d'abord les femmes que visent les marchands de soupe.) Cuisiniers et ingénieurs de l'agro-alimentaire ont volontairement compliqué la réalisation des préparations et, surtout, ils ont rajouté au dos du paquet un simulacre de recette.

Depuis, la mauvaise conscience des cuisinières a disparu. Elles peuvent enfin rater leurs Bolinos.

Jusqu'à preuve du contraire…

POURQUOI LA GOMME EFFACE-T-ELLE LE CRAYON À PAPIER, ET PAS LE STYLO-BILLE ?

Vous le savez depuis l'école communale : le crayon noir, ça s'efface (il suffit d'avoir une bonne gomme). Alors que le stylo-bille ne s'efface pas. Le feutre non plus. C'est pourquoi les banques se méfient et interdisent de remplir les chèques au crayon. Pour quelle raison ?

Laissons les banques à l'écart du dilemme. Méfiance.

Le crayon à papier se compose de deux extrémités. A l'une, du bois mâchouillé au goût acre ; à l'autre, une mine de graphite — autrement dit du carbone cristallisé.

Le papier, lui, malgré les apparences, n'est pas lisse. Au niveau microscopique, il comporte au contraire des aspérités, dues aux fibres de la pâte du même nom. Tant mieux. Car ces aspérités servent de grattoir à l'encontre de la mine de graphite. Lors du coup de trait, un peu de graphite se détache de la mine et s'accroche au papier ; ce qui permettra de lire ce qui a été tracé.

Avantage du procédé : on peut facilement effasser, effa   , effacer ce qu'on vient d'écrire. Il suffit de frotter la feuille en surface pour ôter la fine couche de carbone qui vient d'être déposée. Avec précaution. Si on le fait avec le doigt, on étale salement le graphite. Voila pourquoi on utilise une gomme. A cause de sa texture adhérente, le graphite qui se détache s'y fixe beaucoup mieux que sur le papier. La preuve : il est très facile d'écrire au crayon sur une gomme.

En revanche, les stylos à bille, à plume, ou les feutres fonctionnent suivant un principe très différent. Dans le stylo à plume, on trouve de l'encre liquide. Idem dans le stylo-feutre. Dans le stylo-bille, de la pâte d'encre. En écrivant, l'encre pénètre le papier, ou plus exactement, les fibres du papier. Exactement comme de l'eau sur une serviette éponge.

Une fôte ? Un coup de gomme en surface n'y changera rien. La teinte s'est installée en profondeur. Le seul moyen qui permettrait de retirer l'encre serait de laver le papier. A supposer que cela soit possible, on effacerait par là même la totalité de la page écrite, et non pas un mot, une phrase ou une lettre en particulier.

~~Tant pis. Il nous reste les ratures.~~

Jusqu'à preuve du contraire…

POURQUOI LE CHAMPAGNE MOUSSE-T-IL QUAND ON LE SERT?

Qui n'apprécie le champagne ? Qui ne trépigne en attendant qu'il pétille furieusement dans sa coupe avec un joli son de cymbales Charleston ? Que serait *Neuf semaines et demi* sans la mousse blonde filmée en gros plan ? Un épisode de *Santa Barbara* au mieux. Un clip antialcoolique au pire.

Mais comme Kim Basinger, vous voudriez comprendre pourquoi le champagne produit tant d'écume quand on le sert. Et seulement quand on le sert.

Profitez d'être à jeun. L'explication tient en deux points.

Sachez avant tout que le champagne est mis en bouteille sous pression. C'est à dire qu'à l'intérieur de la précieuse fiole de Cristal Roederer ou de Krug millésimé, la pression est supérieure à la pression atmosphérique.

Ensuite le champagne, comme tous les vins, fermente ; même après la mise en bouteille. Autrement dit, un vin mis en bouteille fermente encore, contrairement à l'eau minérale. Cette fermentation provoque un dégagement de gaz carbonique — ou CO_2 pour les intimes et les chimistes.

Or, il se trouve que le CO_2 se dissout parfaitement dans l'eau à condition que la pression soit élevée. Donc, le CO_2 dû à la fermentation, qui se dégage après la mise en bouteille, se dissout dans le champagne sans problème, puisque la pression à l'intérieur de la bouteille, déjà élevée, ne cesse de croître.

Assez bavassé. On a le gosier sec. Le moment est venu de faire péter le bouchon.

Poum ! Plop ! Bang ! Tching ![1]

Dès cet instant merveilleux, juste avant de verser ce qu'il reste de breuvage dans les flûtes, la pression redevient normale à l'intérieur de votre jéroboam. Du coup, le CO_2 n'a plus aucune raison de rester dissout dans le divin liquide. Il s'en échappe en remontant à la surface, perlant de mille bulles éclatantes et nacrées qui forment la mousse.

Santé !

Jusqu'à preuve du contraire…

1. Carreau cassé [note du bruiteur].

POURQUOI LE NOIR AMINCIT-IL LA SILHOUETTE ?

Les magazines féminins vous le rabâchent à longueur de page. Je viens de le lire dans *Jeune et Jolie* ainsi que dans *Vieille et Boudinée*: le noir mincit. Toutes les femmes suivent le conseil, sauf les veuves qui n'ont plus goût à rien.

Mais, au fait, pourquoi le noir affine-t-il la silhouette ?

Le noir est une couleur que l'on qualifie d'absorbante. Il absorbe toutes les longueurs d'onde, autrement dit toutes les couleurs qui composent le spectre lumineux. On y voit moins bien dans une pièce aux murs noirs que dans une pièce aux murs blancs.

Lorsqu'une top model revêt sa petite robe noire fourreau de chez Alaïa, notre regard se fixe sur ce qu'il y a de plus voyant : son visage — parfait —, ses mains — impeccables —, ses escarpins — pointure 44. On en oublie sa silhouette. Idem si la robe est portée par sa meilleure copine qui toise vingt centimètres de moins, et accuse vingt kilos de plus sur la balance. Victoire ! Yeepee ! Alleluia ! Alaïa !

Il existe en outre un curieux effet d'optique que les scientifiques ont encore du mal à parfaitement justifier : le même objet semble plus petit en noir que dans n'importe quel autre coloris. Bien qu'il occupe pourtant théoriquement la même surface sur la rétine.

On peut vérifier très aisément ce prodige : il suffit de dessiner sur une feuille deux petits carrés de même taille que l'on entoure chacun d'un grand carré (les deux grands carrés étant aussi de taille identique). On reproduit ainsi deux fois le même dessin. Puis, on colorie l'un des deux carrés centraux en noir; l'autre reste blanc. Le carré noir parait alors plus petit que le carré blanc.

Inversement, le blanc présente un léger effet grossissant, car il est luminescent, c'est-à-dire qu'il réfléchit quasiment tout le spectre de la lumière.

Par conséquent, madame, si vous vous trouvez trop squelettique, enfilez une robe blanche.

Vous ne le trouvez pas un peu maigre, le Pape ?

Et les rayures horizontales, hein ? Pourquoi ça grossit ?

Et les rayures verticales, hein ? Pourquoi ça maigrit ?

Tournez la page, vous allez comprendre.

Jusqu'à preuve du contraire…

POURQUOI LES RAYURES HORIZONTALES ALOURDISSENT-ELLES LA SILHOUETTE (ALORS QUE LES RAYURES VERTICALES L'AMINCISSENT) ?

Inutile de vous faire un dessin (Cabu est là pour ça). Les rayures horizontales grossissent alors que les verticales affinent. C'est bien connu, et c'est pour cela que les bandes verticales détiennent aujourd'hui 97,58% du marché de la rayure (maillots de sport exceptés).

Là, il ne s'agit pas d'une illusion d'optique. Les lignes horizontales favorisent simplement ce qu'on appelle la lecture horizontale ; alors que les verticales favorisent la lecture verticale.

Lecture horizontale ? Verticale ? Quoi qu'est-ce ?

Question de reconnaissance des formes.

Quand on regarde un croquis, ou une lettre, ou n'importe quel objet qui nous entoure, nous analysons inconsciemment sa forme générale. Comment ? C'est l'objet lui-même qui va guider notre analyse. Je m'explique : un objet rayé horizontalement influence notre perception dans le sens où nous allons davantage prendre garde à ses côtés qu'à sa partie supérieure ou inférieure. Tout simplement parce que ses rayures guident la vision vers les côtés de l'objet, et ainsi occultent le haut et le bas.

Inversement, des rayures verticales, ou un texte écrit à la japonaise — du sommet à sa base —, poussent notre système oculaire à considérer l'objet dans sa hauteur.

Quand je dis « objet », je pourrais tout aussi bien dire « homme » ou « femme ». Résultat : une robe à rayures horizontales mettra davantage en valeur la rondeur des hanches qu'une robe à rayures verticales qui, elle, incitera notre regard à plonger sur des chaussures extravagantes.

Et une veste écossaise, à rayures croisées ?

Ça complique tout.

Jusqu'à preuve du contraire...

POURQUOI LA LUNE APPARAÎT-ELLE PLUS GROSSE À L'HORIZON QU'EN HAUT DANS LE CIEL?

Vous l'avez remarqué au cinéma. Dans *E.T.*, la lune est énorme. On peut faire du vélo devant, à contre-jour. Dans *Nosferatu*, chef-d'œuvre de l'épouvante, elle est si frêle, là-haut dans le ciel, qu'elle réussit à peine à éclairer le cou ensanglanté de la vierge ponctionnée par le vampire.

Dans la vraie vie, c'est pareil. La lune semble toujours plus grosse à l'aurore, lorsqu'elle se tient à l'horizon. Pour quelle raison ?

Hypothèse optique : on pourrait croire que les couches d'air de l'atmosphère font « loupe ». Certes, les caméras de Murnau en 1921 n'utilisaient pas les mêmes focales que celles de Spielberg en 1982. Mais c'est encore plus simple que ça.

Il s'agit uniquement d'un effet de comparaison. Au zénith ou au couchant, la lune a évidemment toujours le même diamètre, soit 3476 km, à quelques mètres près. Seulement, lorsqu'elle pointe tout au-dessus de nos têtes, très haut dans le ciel, on n'a rien avec quoi la comparer. On ne peut donc pas se rendre compte de sa taille véritable. Elle paraît perdue au milieu de l'immensité astrale.

Au contraire, quand la lune est à l'horizon, on lui trouve des points de référence. Par exemple le grand immeuble de verre dans lequel elle se reflète. Ou l'arbre qui se dessine dans le lointain. Et c'est là qu'on la trouve énorme.

Voilà qui rappelle la blague de Coluche : « Je connais un mec tellement petit, que la première fois que je l'ai vu, j'ai cru qu'il était loin. »

Je sais, je l'avais déjà placée dans le premier livre des POURQUOI. Mais j'ai cru que le deuxième était loin.

Jusqu'à preuve du contraire…

POURQUOI NOS DENTS NE POUSSENT-ELLES PAS DÉFINITIVEMENT, EN UNE SEULE FOIS?

L'Homme naît sans dents. Ce qui l'éloigne du caïman, mais le rapproche du couteau Opinel. Avant un an, les premières dents apparaissent. Ce sont les dents de lait. A six ans, l'enfant les a toutes en bouche (il y en a 20). Pas pour longtemps. A partir de sept ou huit ans, elles tombent une à une, pour laisser place aux dents définitives qui vont pousser comme leur nom l'indique. Définitivement.

Mais pourquoi, se demande la petite souris, pourquoi les dents ne viennent-elles pas en une seule fois comme les oreilles ou les doigts de pied ? A quoi servent les dents de lait ?

Au fur et à mesure que l'individu grandit, sa mâchoire grandit avec. En revanche, les locataires de ladite machoire, les dents, ne grandissent pas : elles poussent. Une dent, qu'est-ce que c'est ? C'est la minéralisation d'un tissu vivant. A l'origine sa taille n'excède pas quelques millimètres, disons deux ou trois. Une fois le tissus minéralisé, autrement dit, une fois qu'il s'est complètement transformé en dent, il ne bouge plus. Une dent garde la même taille du début à la fin de sa vie de dent. Si, au début, on la croit minuscule, c'est simplement parce qu'elle se cache sous la gencive.

Pas question que la petite quenotte ne devienne un immense croc. Même si elle n'est pas abîmée quand elle tombe. Elle serait trop chétive pour nos grandes gueules de grandes personnes. D'où ces deux arrivages distincts : une série de dents (de lait) pour notre étroite mâchoire d'enfant. Et, planquées dessous, une série de dents (définitives) pour notre mâchoire d'adulte.

Vous imagineriez Schwartzenegger avec des dents de bébé ?

Autant faire rouler une Ferrari avec des roues de poussette.

Jusqu'à preuve du contraire...

POURQUOI LES ARABES SERVENT-ILS LE THÉ EN LE VERSANT DE TRÈS HAUT?

Vous avez admiré leur dextérité en voyageant au Maghreb, ou dans votre canapé, devant des publicités bonnes comme là-bas, dis ! Les Arabes servent le thé en le faisant couler parfois d'un mètre au-dessus du verre. Avec une adresse folle. Comme moi, je suppose que vous n'avez courageusement jamais osé en faire autant, de peur de mettre plus de thé à côté du verre qu'à l'intérieur, et d'ébouillanter les parties sensibles des convives. Ne me demandez pas lesquelles : toutes les parties sont sensibles quand on s'ébouillante...

Pourquoi cette prise de risques ? Est-ce une question d'esthétique ? De religion ?

Pas du tout. De digestion.

Pour faire du thé, il faut des feuilles et de l'eau bouillante. Or, en chauffant, l'eau perd son oxygène. Et, sans oxygène dissout, une boisson devient souvent indigeste pour l'estomac.

A moins que l'on fasse couler le thé de très haut dans le verre. Dans sa chute, puis à son arrivée, le thé brasse de l'air, et en emprisonne, en quelque sorte. Ainsi il se réoxygène. On le voit, cela produit des bulles dans le verre. Comme dans un aquarium aux alentours de la pompe à air.

C'est exactement la même raison qui poussait nos grand-mères à battre le lait du biberon.

Burp !

Et c'est ainsi qu'Allah est grand.

Jusqu'à preuve du contraire...

POURQUOI LES PARQUETS CRAQUENT-ILS LA NUIT?

L'oreille tendue, nous l'avons remarqué lorsque nous étions enfants, terrorisés, blottis sous les couvertures et incapables de nous endormir. La nuit, les parquets grincent, comme s'ils voulaient nous dire quelque chose de mystérieux. A moins que ce ne soit un spectre qui les piétine.

D'où viennent ces sons lugubres ? Existent-ils vraiment, ou sont-ils le fruit de notre imagination apeurée ?

Les parquets craquent réellement. Malheureusement pour les amateurs de frissons, les fantômes n'y sont pour rien.

Le bois est sensible aux variations de température et à l'humidité. Ces deux phénomènes provoquent des mouvements d'allongement et de rétractation des divers éléments d'un parquet, ou même d'un meuble. D'où ces bruits, ces craquements rauques.

D'autre part, ce tapage nocturne est aussi dû à l'activité d'une petite foule d'insectes xylophages — mangeurs de bois —, comme le bostryche liséré gourmand de résineux, le platypus cylindrus et son goût pour le chêne ou le hêtre, et surtout l'hylotrupès bajulus qui s'attaque chez vous aux bois secs œuvrés avec une préférence pour l'épicéa et le sapin.

Crac ! Miam ! Pourquoi tous ces événements se produisent-ils la nuit en particulier ?

Cette fois, la réponse tient à une erreur de perception de notre part. Les objets en bois craquent généralement toute la journée, suivant les conditions climatiques. Les insectes xylophages, eux, n'ont pas d'heure pour casser la croûte.

Mais le son vous saute aux oreilles la nuit parce que le calme a empli la maison. Tout le monde dort, sauf vous. Le moindre petit bruit fait l'effet d'un vacarme.

Ces roulements de timbale ? Un robinet qui goutte.

Jusqu'à preuve du contraire…

POURQUOI, À LA TÉLÉ OU AU CINÉMA, A-T-ON L'IMPRESSION QUE LES ROUES TOURNENT À L'ENVERS ?

Pardonnez-moi d'être un brin personnel. Bambin, quand on m'emmenait voir un western au Cinévog 2000, ça me faisait le coup à chaque fois : je voyais les roues des charrettes des pionniers tourner à l'envers. C'était catastrophique, j'avais l'impression que les gentils n'allaient jamais réussir à rattraper les méchants ! Le suspense n'en était que plus insoutenable. Cela m'a fait le même coup l'autre soir en voiture, avec *Starsky & Hutch*, mais à la télé.

Pourquoi les roues tournent-elles à l'envers quand elles sont filmées ? C'est fait exprès ? C'est une défaillance technique ?

Non, c'est l'effet stroboscopique.

[Par souci de clarification, et en hommage à John Ford, nous ferons porter la démonstration sur le cinématographe. Mais l'explication reste la même lorsque l'on passe du cinéma à la télévision, du film à la video. *Note du clarificateur.*]

Attention... Moteur !

Plus personne n'ignore que la caméra, qui enregistre apparemment le mouvement, emmagasine en fait une succession d'images fixes.

Comptons-en 24 par seconde. Et imaginons que nous devions filmer un chariot qui passe de la gauche vers la droite.

1ere hypothèse : le cheval va à la même vitesse que la caméra. Ou plutôt, imaginons que le nombre de tours par seconde que fait la roue du chariot est égal au nombre d'images enregistrées chaque seconde. Soit 24 tours par seconde pour 24 images par seconde. Résultat : à chaque fois que la caméra saisira une nouvelle image, la roue aura décrit un tour complet. A l'écran, on aura l'impression que les roues ne tournent pas, puisque ses rayons restent à la même place.

2e hypothèse : le chariot accélère. Entre deux images fixes, la roue fait plus d'un tour. Si la roue était une horloge, et que le rayon du haut était l'aiguille des heures, à la première image, il sera sur midi, à la deuxième il sera sur 1 h, à la troisième il sera sur 2 h, etc.

En repassant le film à la cadence normale, le rayon du haut décrira successivement « midi », puis « 1 h », puis « 2 h », ainsi de suite jusqu'à « 11 h » puis à nouveau « midi » pour un tour complet. On aura l'impression que les roues de la voiture tournent dans le bon sens, le sens de la marche.

3e hypothèse : le chariot ralentit. Le nombre de tours que fait la roue chaque seconde est inférieur au nombre d'images enregistrées dans le même laps de temps. Entre deux images fixes, la roue accomplit donc moins d'un tour. Reprenons l'allégorie de l'horloge. A la première image, la roue sera sur midi, à la deuxième elle sera sur 11 h, à la troisième elle sera sur 10 h, etc.

En repassant le film à la cadence normale, le rayon du haut décrira successivement « midi », puis « 11 h », puis « 10 h », puis « 9 h », ainsi de suite dans un ordre décroissant jusqu'à « 1 h » puis à nouveau « midi » pour un tour complet. On aura l'impression que ses roues tournent dans le mauvais sens, contraire à la marche.

24 tours par seconde ? Fichtre, quel bolide ! Soit notre chariot a des roulettes ridiculement petites, soit le cheval est un crack bionique, éventuellement dopé.

Là n'est pas le problème. Pour compliquer l'affaire, si les roues de chariot tournent effectivement moins vite dans la réalité que dans notre hypothèse d'école, elles possèdent en revanche plusieurs rayons. Ce qui revient au même. Car dans le mouvement, quand un rayon prend exactement la place d'un autre, le film montrera là encore la roue immobile.

Et en cas de ralentissement de la carriole, vous verrez une fois de plus les roues repartir dans le sens inverse.

Jusqu'à preuve de l'inverse…

POURQUOI UTILISONS-NOUS DEUX SORTES D'ÉCRITURES : LES MAJUSCULES ET LES MINUSCULES ?

L'alphabet comporte 26 lettres, vous le savez. Mais souvenez-vous : quand vous avez appris à lire et à écrire, vous avez dû en mémoriser 52. Chaque lettre s'écrivait et s'écrit toujours d'ailleurs de deux façons différentes. En minuscules, ET EN MAJUSCULES.

Aurait-on pu se passer de l'une de ces deux graphies ? Pourquoi avoir compliqué la chose ? Par souci d'esthétique pour enjoliver les ouvrages ? Par souci grammatical pour mieux structurer la phrase ?

Par souci d'économie.

A l'époque du latin, nos quelques ancêtres qui savaient écrire le faisaient seulement en lettres capitales. En réalité, à proprement parler, ils n'écrivaient pas : ils gravaient les mots sur de la pierre ou du bois, à l'aide d'un burin ou d'un ciseau.

Plus tard, l'homme apprit à écrire sur du papyrus

et mieux, sur du vélin, un parchemin de grande qualité préparé à partir de la peau de veau mort-né.

Or, le papyrus était rare, et le vélin coûtait cher. Alors, sous Charlemagne, des moines bénédictins se sont attachés à modifier leur écriture pour la ramasser, la concentrer, en dessinant de nouvelles formes de lettres, plus petites. Ainsi, les copies des textes latins qu'ils réalisaient occupaient moins de surface. D'où de substantielles économies de papyrus ou de vélin.

Entre avares et érudits, la pratique de l'écriture en minuscules s'est rapidement transmise. L'invention de l'imprimerie l'a consacrée.

jusqu'à preuve du contraire…

POURQUOI LES BOUTEILLES DE VIN ROUGE SONT-ELLES TEINTÉES, ET LES BOUTEILLES DE BLANC TRANSPARENTES ?

Que vous soyez alcoolique ou ivre-mort, vous l'avez constaté en fin de repas : les bouteilles de vin rouge sont teintées (d'un joli vert foncé fort justement appelé vert-bouteille), alors que les bouteilles de vin blanc sont transparentes.

Pourquoi cette différence ? Ne dit-on pas que peu-importe-le-flacon-pourvu-qu'on-ait-l'ivresse ? Hein ? Ne le dit-on pas ?

La principale différence entre le vin blanc et le vin rouge ne relève pas de leur couleur. Eh non ! L'un n'est pas blanc, mais tirant sur le jaune, alors que l'autre n'est pas forcément rouge. Plutôt bordeaux, même le Beaujolais, ce qui ne fait qu'ajouter à la

confusion et laisse croire que l'auteur a trop forcé sur le pinard.

Leur principale différence tient à la présence — ou non — de tanin. Utilisée comme astringent tonique en tannerie et en médecine, le tanin est une substance organique que l'on trouve notamment dans les grains de raisin, et dont la quantité varie selon les cépages, et ensuite la vinification. Le tanin se dissout dans le vin et contribue à sa tenue et à sa clarification. On en trouve beaucoup dans les rouges (particulièrement dans le Cabernet et les vins à cuvaison longue). Il n'y en a que peu dans le vin blanc.

Malheureusement, le tanin peut se détériorer. Comment ? Le tanin est notamment sensible à la lumière. Celle-ci lui fait subir une transformation incompatible avec les exigences gustatives de l'homme moderne. Il en résulte un bouquet que mon caviste qualifie « d'épais ». Il faut donc protéger les vins qui contiennent du tanin en grande proportion.

C'est pourquoi on teint le verre des bouteilles destinées à contenir du rouge, et non pas celles de blanc, qui brillent par leur transparence.

Et les bouteilles de rosé ?

A consommer avec modération.

Jusqu'à preuve du contraire…

POURQUOI TOUCHE-T-ON DU BOIS POUR AVOIR DE LA CHANCE?

Vous connaissez cette inoffensive petite manie, et certainement il vous arrive de la pratiquer.

Vous évoquez votre future voiture ou les élections à venir, et vous lancez : « Quand j'aurai ma Ferrari, *je touche du bois...* » Ou bien : « Quand je serai député, *je touche du bois...* » Etc.

La rengaine sanctionne un événement que vous attendez depuis longtemps, que vous souhaitez, mais dont l'issue est loin d'être certaine.

Mais concrètement, objectivement, en quoi toucher du bois peut-il améliorer votre sort ? Vous n'en savez rien ? Moi non plus. Pourquoi le faisons-nous, alors ?

Tout vient du culte voué aux arbres, et en particulier aux chênes, il y a maintenant plus de deux mille ans. Les Grecs avaient observé avec justesse que cet arbre était très souvent frappé par la foudre lors des orages. Or les orages ne représentaient pour eux rien d'autre que la colère des dieux. Ils en avaient déduit que le tronc du chêne servait de lieu de résidence au dieu de la foudre, Zeus lui-même, le dieu suprême, fils de Cronos et de Rhéa.

Pour être épargnés par le mauvais sort, les Grecs touchaient donc du bois. Ils flattaient ainsi leur dieu exactement comme on claque l'encolure d'un cheval pour le caresser. Ils ont transmis cette croyance aux Romains, puis aux Gaulois, puis à nous tous.

Comme disait Onassis à son Grec de banquier : « Plutôt que du bois, mieux vaut toucher un chèque. »

Certes. Mais pas en bois.

Jusqu'à preuve du contraire…

POURQUOI LES PIRATES SONT-ILS TOUJOURS REPRÉSENTÉS AVEC UN FOULARD SUR LA TÊTE?

Souvenez-vous des récits de marine que nous dévorions quand nous étions enfants. L'océan. Un riche trois mats. Les pirates au loin. Le capitaine et son chapeau à plumes. La malle emplie de bijoux et de pièces d'or. Et ces maudits pirates, sabre au poing, un foulard (à tête de mort ?) noué sur le front. Comme l'infante d'Espagne, on avait une peur bleue.

Au fait, les foulards, c'était leur uniforme ? Ou pour faire peur à l'ennemi ?

Pas d'uniforme chez ces malfrats. Ils s'habillaient comme ils le voulaient. Ou plutôt comme ils le *pouvaient*. Le pirate choisissait ses nippes en fonction de ses richesses personnelles. Mais le plus souvent, il ne choisissait pas. Il se servait sur place pendant les pillages des navires marchands, à la grande époque de la piraterie, aux alentours du XVIIe siècle.

Son foulard n'était absolument en rien le signe

d'une distinction honorifique, mais une véritable protection.

Souvent mouillé — d'eau de mer ou de sueur —, le foulard prévenait les insolations. Il protégeait en cas d'incendie (les pirates incendiaient souvent les bâtiments qu'ils prenaient à l'abordage).

Pendant le combat, le foulard interceptait les éclats de bois qui volaient, notamment en cas de coups de canons. Il arrivait même qu'il protège le crâne de son propriétaire d'un coup de sabre mal appuyé.

Ce n'est pas tout. Le foulard remplissait également les basses taches domestiques : il servait de torchon pour la vaisselle, de serviette pour la toilette, de pansement après les batailles... et même de mouchoir !

Répugnant ? Très élégant, au contraire, de se moucher dans son foulard. Je l'ai vu faire chez Hermès.

Un « must », comme ils disent chez Cartier.

Jusqu'à preuve du contraire...

POURQUOI LES ANIMAUX N'ONT-ILS PAS BESOIN DE SE BROSSER LES DENTS ?

Vous imaginez le travail s'il fallait brosser après chaque repas les dents de nos chiens, chats, hamsters, tortues, veaux, vaches, cochons, couvées, et autres compagnons ?..

Comment se fait-il qu'il n'y ait que nous humains qui passions notre vie sous la roulette ? Pourquoi sommes-nous les seuls à souffrir autant des dents ?

C'est d'une évidence à se les mordre. Il suffit d'opérer le *distingo* entre animaux sauvages, et animaux domestiques, nourris par nos soins, y compris nous-mêmes.

Carnivores ou herbivores, les bêtes sauvages n'aiment rien comme nous. Dans la nature, elles ne se gavent pas de viande cuite, encore moins de sucre raffiné comme en regorgent le chocolat, les bonbons, les crèmes glacées et les gâteaux : bref, jamais de saccharose, ennemi des sourires blancheur diamant.

Le sucre que les herbivores trouvent dans les fruits, le fructose, n'attaque pas l'émail. Il arrive cependant que les carnivores en liberté soient parfois exposés aux dégâts du tartre ; à la fin de leur vie — et pour cause. Comme sur le dentier de tante Adèle, le tartre qui se dépose peu à peu sur leur dentition favorise l'action des bactéries qui attaquent les gencives. Les dents se déchaussent, et finissent par tomber. Du coup, ces animaux ne peuvent plus s'alimenter. Ils en meurent.

Les lions ou les chacals devraient-ils se laver les dents ? Eh bien ils le font ! Ils mâchouillent de petits os et des cartilages qui les débarrassent du tartre presque aussi efficacement qu'une brosse triple-action. Cela suffit généralement pour leur garantir *ad vitam æternam* des crocs de lionceau et de chacalito.

En ce qui concerne les animaux domestiques, et en particulier les premiers carnivores d'entre eux, les chiens, c'est une autre paire de pattes. Depuis leur domestication il y a des siècles, l'alimentation des toutous a été salement bouleversée. Avec l'arrivée des pâtées en boîte et des bouillies céréales/légumes, ils mangent de moins en moins de viande crue et de matières dures. Par conséquent ils n'ont presque plus de moyens de se protéger du tartre.

Et c'est pas fini ! Quand Médor a fini sa portion en barquette sous vide, la mémère à son chien-chien lui donne du sucre ! Beaucoup de sucre ! Du chocolat, des bonbons, des crèmes glacées et des gâteaux…

Voila pourquoi les chiens très gâtés ont des dents, elles aussi, très gâtées.

Jusqu'à preuve du contraire…

POURQUOI SURSAUTE-T-ON QUAND ON EST SURPRIS ?

Ah ! Bon sang que vous l'avez remarqué ! À chaque fois que quelque chose nous surprend (un carreau qui éclate, le chef qui hurle, une porte qui claque, Paul Belmondo qui gagne un Grand-Prix de Formule 1) ; à chaque fois que quelque chose nous surprend, disais-je, on sursaute.

A l'occasion du cinquantenaire du Débarquement, un Normand a raconté qu'en découvrant un parachutiste américain dans sa cour en juin 1944, il a réellement fait un bond de plus de cinquante centimètres de haut, sans qu'il sache s'il s'agissait d'un saut de joie, de peur, ou de surprise.

Que répondre à ce patriote ?

Les éthologues, Desmond Morris en tête, nous apprennent que le sursaut est la conséquence physique d'un message hormonal, envoyé par l'hypothalamus à l'hypophyse sous la forme d'une molécule chimique.

C'est bien joli, tout ça ! Mais dans quel but ?

Pour nous préparer à combattre, ou à fuir, en cas de danger. Car c'est là un des multiples réflexes dont nous avons hérité de notre passé animal, et qui ne nous a jamais quitté.

Le sursaut agit comme une sorte de réveil-matin instantané sur notre organisme. Tous nos muscles se tendent. Nous sommes fin prêts à réagir s'il nous faut galoper ou envoyer une mandale à l'agresseur.

Il y a 500 000 ans, on sursautait aux coups de tonnerre ou dès qu'un rhinocéros pointait son nez derrière un buisson.

Aujourd'hui, on grimpe aux rideaux quand le chat geint parce qu'on lui a marché sur la queue, ou quand le téléphone sonne (alors qu'il n'était pas branché...).

On a les angoisses qu'on peut.

Jusqu'à preuve du contraire...

POURQUOI N'Y A-T-IL PAS DE QUOTIDIEN DE QUARTIER À PARIS ?

Les marchands de journaux de Cherbourg font recette avec *La Presse de la Manche*. A La Rochelle, le principal quotidien est *Ouest-France*, à Mulhouse *Les Dernières Nouvelles d'Alsace*. A Grenoble, on lit le *Le Progrès*. Restons dans l'Isère. L'édition de Voiron du *Progrès* n'est pas la même que celle de Bourgoin-Jallieu, deux villes qui ne sont pourtant distantes que de quelques dizaines de kilomètres. Car les lecteurs demandent une information de proximité.

Mais alors, question : pourquoi n'existe-t-il pas de quotidien de quartier à Paris, une mégalopole de plus de deux millions d'habitants ? Imaginons vingt quotidiens — un par arrondissement — qui raconteraient la vie du quartier avec les dates de vacances de la poissonnerie du coin, la photo du sapin de Noël de la maternelle, et surtout la rubrique nécrologique la plus lue de la presse régionale.

Pour une fois, l'explication n'est pas économique, mais géographique.

Reprenons le cas de notre habitant de Voiron, dans l'Isère. Il a grandi à Voiron, il a joué dans le club de rugby de Voiron, il a rencontré sa fiancée à Voiron, et après le mariage, leurs enfants iront en classe à Voiron.

Prenons cette fois le cas d'un habitant du XIe arrondissement de Paris. Il s'est inscrit en fac à La Sorbonne, dans le Ve, il a joué au football dans un club des Yvelines, il a rencontré sa fiancée à Levallois, ils se sont mariés là-bas, et leurs enfants iront au lycée dans le XVIIe après leur déménagement.

Inversement, les lecteurs d'un hypothétique quotidien du XIe découvriraient des reportages sur des gens qu'ils ne connaissent pas, qui travaillent dans le XIe mais qui habitent ailleurs, et vice-versa.

Impossible de faire un journal pour ces nomades !

Ce qui explique également pourquoi on accuse la télévision de parisianisme. Elle va partout. Donc nulle part.

Jusqu'à preuve du contraire...

POURQUOI LE RUBAN S'ENROULE-T-IL QUAND ON LE PASSE CONTRE LES CISEAUX?

C'est demain Noël !

Si c'est pas demain Noël, attendez le 23 décembre pour attaquer cette page.

En tout cas, c'est bientôt Noël, ou votre anniversaire, ou le mien.

Vous l'avez remarqué en emballant les cadeaux. Quand vous frottez le ruban le long de la lame des ciseaux, il se vrille en tire-bouchon. Il devient immédiatement décoratif.

Pour quelle raison ?

Question de dilatation-rétractation.

Quand on passe les ciseaux sur une des faces du ruban, celle-ci se dilate sous l'effet de la chaleur produite. Et uniquement celle-ci. L'autre face reste à la même température, donc aux mêmes dimensions. En une fraction de seconde, le ruban s'enroule sur lui même.

Dans un sens… puis dans l'autre ! Oui, parce qu'à peine dilatée, la face qui était en contact avec le métal se rétracte (elle refroidit aussitôt). Or en se rétractant, elle ne revient pas rigoureusement à sa position initiale, mais se ratatine encore davantage.

C'est la raison pour laquelle le ruban s'entortille contre la lame de vos ciseaux, et non pas en s'en éloignant.

Au fait, mon anniversaire, c'est le 5. Pourquoi ne pas m'envoyer des « POURQUOI », avec ou sans ruban ?

J'en serai ravi.

Jusqu'à preuve du contraire…

POURQUOI DÉCORE-T-ON LES CENTRES COMMERCIAUX AVEC DES JETS D'EAU?

Vous avez déjà fait vos courses dans un centre commercial géant où se côtoient pêle-mêle cinquante boutiques de prêt-à-porter, deux supermarchés, une pharmacie, cinq opticiens, deux librairies, un poste de police, huit pizzerias et un cordonnier, le tout sur quatre étages, et j'en oublie.

Au centre trône invariablement un immense jet d'eau.

Pour quelle raison ? Est-ce que tous les décorateurs de centres commerciaux du monde trouvent que ça fait joli, un jet d'eau ?

Là n'est pas la question. Contrairement aux apparences, la fontaine centrale ne crache pas son eau pour le plaisir des yeux, mais pour celui des oreilles. Et ce, à cause de deux phénomènes sonores distincts.

Primo, tout son peut être masqué par un autre son suffisamment puissant. Par exemple, la sirène d'une ambulance occulte le vacarme de la rue, y compris un klaxon. Notre ouïe se focalise sur l'objet sonore qui fait le plus de bruit.

Secundo, des études de psychoacoustique ont montré que nous classifions inconsciemment certains bruits en deux catégories : agréables ou désagréables, indépendamment de leur niveau sonore. Par exemple : le vacarme de la mer, même très présent, ne nous empêche pas de dormir. Alors qu'un robinet qui fuit nous irrite au plus au point, même s'il nous faut tendre l'oreille pour l'entendre.

Or, un jet d'eau est perçu par notre ouïe comme un son acceptable, qui ne nous dérange pas. D'où la trouvaille des architectes de centres commerciaux : faire en sorte que le jet d'eau fasse suffisamment de boucan pour qu'il masque le bruit continu de l'aération, des canalisations hydrauliques, des escalators et des ascenseurs, qui lui, importunerait la clientèle.

Vivement les soldes !

Jusqu'à preuve du contraire…

POURQUOI RACONTE-T-ON AUX ENFANTS QUE CE SONT LES CIGOGNES QUI APPORTENT LES BÉBÉS?

Vous connaissez la légende. Peut-être vous a-t-on enseigné de cette façon les choses de la vie, en un temps où les petites filles naissaient dans les roses et leurs frères dans les choux, en ce temps où la morale interdisait d'appeler un chat un chat, et sa femelle par son nom. Je comprends nos arrière-grands-parents. Avant que l'éducation sexuelle ne fasse son entrée officielle en salle de classe, il fallait bien inventer quelque chose pour calmer les gosses.

Mais pourquoi des cigognes en sages-femmes ? Pourquoi un oiseau ? Et pourquoi celui-ci ? Pourquoi ne seraient-ce pas les corbeaux qui apportent les bébés ? Ou les sangliers ? Et pourquoi pas le fox à poil dur ?

Depuis des siècles et des siècles, les Scandinaves avaient remarqué les qualités, disons « conformistes », de ce volatile. Jugez plutôt.

Au cours de ses quelque soixante-dix ans d'existence, la cigogne retrouve chaque année la même cheminée. Mieux : elle est monogame. Par ailleurs, les jeunes cigognes adultes prennent un grand soin de leurs parents âgés ou infirmes, en leur apportant sans relâche de la nourriture. Un modèle, donc, pour l'éducation morale des enfants.

La belle légende des cigognes pourvoyeuses de bébés se répandit dans tout le nord de l'Europe. Elle devint universelle quand le célèbre écrivain danois Andersen l'intégra dans ses contes à partir de 1835.

On ne demandait qu'à y croire. Dans la Rome antique, l'altruisme de l'oiseau blanc impressionnait tant que le Sénat avait voté une loi, baptisée *lex ciconaria*, qui obligeait les adultes à veiller sur leurs aïeux grabataires. Depuis, l'homme moderne a découvert le spermatozoïde et la maison de retraite. Un sacré progrès.

Jusqu'à preuve du contraire…

POURQUOI LES AVIONS LAISSENT-ILS DANS LE CIEL DES TRAÎNÉES BLANCHES, ET PAS NOIRES ?

Rien décidément ne vous échappe.

Vous avez remarqué que les avions à réaction laissent des traces blanches derrière eux. Vous n'ignorez pas que ces traces proviennent des gaz qu'ils rejettent quand ils volent...

Mais on ne peut pas non plus vous cacher que les gaz d'échappement issus de dérivés pétroliers comme le kérosène sont généralement noirs, ou gris, comme pour les mobylettes et les voitures diesel.

Alors pourquoi le Boeing ou l'Airbus ne laissent-ils pas dans le ciel des traînées noires ?

Pour fonctionner, les réacteurs de l'avion ont besoin de brûler du carburant. Or, la combustion du kérosène, comme toutes les combustions, entraîne un dégagement gazeux. D'abord du gaz carbonique, dont on ne voit pas la trace depuis le sol.

Comment ça, on ne le voit pas ? Et la traînée blanche ?

Patience. Les réacteurs de l'avion rejettent du gaz carbonique, mais aussi de la vapeur d'eau. Et c'est ce dégagement-là qu'on admire. Enfin presque.

Contrairement aux coucous à hélice, les gros avions de ligne volent très haut dans le ciel. Or, plus l'altitude est élevée, plus la température de l'air diminue. Par exemple, à 12 000 mètres — altitude de croisière —, le thermomètre descend en dessous de zéro jusqu'à -60° Celsius.

Comme il fait très froid, la vapeur d'eau qui sort des réacteurs se transforme immédiatement en minuscules particules de glace. Et c'est cette sorte de givre qui forme dans le ciel de splendides traînées blanches parallèles.

Il arrive cependant qu'un avion ne laisse aucune trace blanche derrière lui. Serait-il en panne de moteur ? Faut-il prévenir la tour de contrôle ?

Pas du tout : c'est simplement qu'il vole à basse altitude. Comme il y fait moins froid, les particules de glace se dissolvent dans l'atmosphère presque immédiatement. Pas de panique !

Jusqu'à preuve du contraire…

POURQUOI LE “A” EST-IL LA PREMIÈRE LETTRE DE L’ALPHABET?

Vous le savez depuis la maternelle : le « A » ouvre l’alphabet.

Vous me direz qu’il fallait bien qu’une des vingt-six lettres soit la première. Très juste. Mais pourquoi pas le « I » au tracé rigoureusement élémentaire, et qui remplaçait d’ailleurs chez les Romains le chiffre 1. Et pourquoi pas le « Y » au profil majestueusement grec ?

Longtemps après l’écriture, l’alphabet fut inventé il y a plus de trois millénaires par les Phéniciens. Ceux-ci exprimaient le son [a] par la lettre « aleph », qui deviendra le « alpha » grec (α pour les hellénistes), laquelle signifiait aussi et surtout le mot bœuf.

Les Phéniciens représentaient « aleph » par un « V » barré horizontalement qui symbolisait la tête et les cornes de l’animal ; quelque chose comme « ∀ ». Nous avons renversé ce signe pour obtenir notre « A ».

Revenons-en à nos bœufs. Parce qu’ils fournissaient le cuir, la viande — le lait pour sa femelle la vache —, ces bovins étaient synonyme de richesse pour qui les possédait. En outre, les champs se labouraient déjà à la charrue et les bœufs fournissaient ce qu'on appellerait aujourd'hui le carburant.

Autant de raisons qui ont fait que les Phéniciens ont accordé à « aleph » une place de choix dans leur alphabet. La première.

De la même façon, « beth », qui signifiait maison, autre signe de richesse, a pris la deuxième. Il deviendra le bêta, ou β, des Grecs et notre « B » à nous.

Le B.A.-BA, donc.

Jusqu'à preuve du contraire…

POURQUOI LES BÉBÉS ONT-ILS UN GROS VENTRE ?

Ah vous l'aimez, ce bon bébé joufflu avec son ventre rebondi comme une outre ! Son bidon éléphantesque fait partie de son charme, à tel point que sa maman prendrait peur s'il maigrissait.

Mais au fait : pourquoi les nourrissons ont-ils un si gros ventre, alors qu'ils sont au seul moment de la vie où la nourriture qu'ils injectent est pesée, soupesée par les parents — et les diktats des nutritionnistes — comme s'il s'agissait de rats de laboratoire ? Je veux dire par là qu'il n'y a apparemment aucune raison pour qu'ils aient la corpulence d'Obélix en se nourrissant pourtant avec les quantités adéquates.

Eh bien si, justement, il y a une raison.

Pas diététique, mais musculaire.

C'est que la musculature des bébés est loin d'être aboutie. On s'en doutait. Elle n'est même — si vous permettez — qu'un embryon de musculature. Or, que l'on soit bébé ou adulte, après le repas, l'intestin exerce une forte pression sur la paroi abdominale. Et voilà pourquoi le ventre du nourrisson ressort. Ses muscles ne sont pas assez puissants pour le tenir à plat. Ce phénomène s'appelle une hypotonie physiologique. Rien à voir avec une quelconque forme d'obésité.

Rassurons les jeunes mères : ça passera à l'âge de deux ans, voire deux ans et demi. Et ça reprendra au fast-food.

Jusqu'à preuve du contraire…

POURQUOI FAIT-ON N'IMPORTE QUOI QUAND ON EST IVRE ?

« Tu t'es vu quand t'as bu ? »

Le slogan de la campagne antialcoolique tape juste.

Après dix verres de tord-boyaux, on raconte sa vie à un inconnu. Ou des banalités. Ce qui revient souvent au même. On marche de travers. On réagit avec trois temps de retard. On se bat contre un épouvantail. On fait assidûment la cour à l'extincteur d'incendie.

Après quinze verres, c'est de la gourmandise. Mais on fait toujours n'importe quoi ! Pour quelle raison ?

Cela tient à la structure interne des cellules.

A peine notre verre terminé, l'alcool se diffuse dans toutes les cellules du corps.

Qu'elles soient cérébrales, nerveuses, ou musculaires, chacune d'elles est entourée d'une membrane protectrice, constituée de deux couches de lipides (de graisses, quoi). Ce maillage de lipides joue un rôle fondamental. Il supporte des protéines dont la fonction consiste à filtrer les ions, particules chargées électriquement, qui véhiculent l'influx nerveux. Concrètement, l'influx nerveux ne pénètre les cellules qu'après avoir franchi le barrage protéines-lipides.

Or, l'alcool dissout les graisses qui entourent nos cellules — leur barrière de protection —, et notamment celles du système nerveux. Alors les protéines se désorganisent. Les ions entrent dans la cellule n'importe comment. L'influx nerveux se ralentit.

Au niveau du cerveau, le système de commande bredouille. L'information devient chaotique. Les réflexes s'embrouillent. On perd le sens de l'équilibre. On ne sait plus apprécier les distances. L'influx nerveux descend aux membres de façon aléatoire ; les muscles peuvent trembloter ou se tétaniser.

Certains gros buveurs, quand ils ont beaucoup éclusé, se montrent très entreprenants, voire carrément obscènes. On a déjà vu le garçon d'honneur draguer ouvertement la mariée dans une noce trop arrosée.

C'est que sous l'effet de l'alcool, le cerveau est moins vigilant. L'ivrogne a déjà tellement de peine à se tenir debout et à avancer droit, que le cerveau se focalise sur la marche et ne prête plus vraiment attention aux paroles qu'il profère. Sur le plan social, euh… hips !, il n'y a plus de plan social. En termes pudiques, on appelle cela « la levée de l'inhibition ». On ne se soucie plus d'être raisonnable, ni même poli. On se fiche du regard des autres. Au sens figuré. Et même au sens propre. Car le cerveau analyse mal les images : on voit trouble (ou double). Voilà pourquoi on ne prête plus attention aux mimiques excédées de l'entourage.

Le lendemain, il n'y paraît plus. Paraît-il.

Une légende court ainsi sur Winston Churchill. Le premier ministre anglais était réputé pour ses cuites gargantuesques, y compris pendant le service.

Un jour qu'il ahanait un discours à la Chambre, une élue, outrée, l'apostropha : « Sir, vous osez vous adresser à la tribune de cette respectable assemblée complètement ivre ! C'est une honte pour la Grande-Bretagne !

— Certes madame, fit Churchill. Sauf que demain, je serai à jeun. Tandis que vous, vous serez toujours moche. »

Jusqu'à preuve du contraire...

POURQUOI LES VOITURES ONT-ELLES UNE PLAQUE *MINÉRALOGIQUE* ?

Vous le savez comme monsieur l'agent : la loi exige que les automobiles comportent à l'avant et à l'arrière une plaque minéralogique.

Pourquoi une plaque ? Et surtout : pourquoi minéralogique ? Quel rapport entre le numéro de votre carrosse et le minerai et les minéraux (deux mots qui ont la même racine que « minéralogique ») ?

Tout ce flicage commença au début du siècle ; non pas pour verbaliser les véhicules mal garés ou pour lutter contre le vol, mais dans un souci de tranquillité des riverains.

Nous sommes à Lyon, en mars 1900. Le maire, le bon docteur Gailleton, exige que les voitures qui traverseront le Parc de la Tête d'Or, magnifique jardin boisé, arborent pour ce parcours un numéro à fixer à l'arrière du véhicule.

Le 31 juillet 1900, son successeur à la marie, Victor Augagneur généralise cette mesure à toute la ville. C'est que la population commence à se plaindre des chauffards. Désormais, les voitures à moteur dont les propriétaires sont domiciliés à Lyon (environ 200) comporteront un numéro, ainsi que les voitures étrangères de passage.

En 1901, Emile Loubet, président de la République, étend ce système à la France entière. Il en confie l'application à ces personnages considérables qui veillent à l'époque sur les quinze arrondissements minéralogiques du territoire, les ingénieurs des mines.

D'où le nom de « plaque minéralogique ».

En cas de contrôle, ce n'est pas une raison pour l'avoir mauvaise.

Jusqu'à preuve du contraire…

POURQUOI ENTEND-ON LA MER DANS LES COQUILLAGES ?

Les vacances sont terminées. Pour tout souvenir de l'océan, vous avez conservé un coquillage ramassé sur la plage, une sorte de bulot géant aux courbes de savonnette design. Chez vous, dans votre salon, vous approchez votre oreille de l'orifice nacré, et là : miracle ! Vous n'entendez plus les bruits de la rue en bas, mais le vrombissement placide et majestueux des vagues sur la jetée.

Comment est-ce possible ? Comment le bigorneau peut-il garder en conserve le souffle de son lieu d'origine ?

En fait, il ne le conserve pas. Ni celui-ci, ni aucun autre.

Le coquillage, à condition d'avoir une ouverture suffisamment grande, se comporte comme un résonateur acoustique.

Sa cavité en forme de spirale est évidemment remplie d'air.

Or, le son n'est rien d'autre que de l'air en mouvement. Les déplacements d'air, autrement dit les sons, qui affleurent au voisinage de l'embouchure du coquillage vont faire vibrer l'air à l'intérieur, et par réflexion sur la paroi lisse et dure, vont créer des ondes stationnaires. En fonction de la forme et des dimensions de l'objet, le son sera renforcé à certaines fréquences. Comment le décrire ?

Une sorte de souffle, grave et duveteux, qui s'apparenterait aussi bien au vent qu'au murmure d'une conduite d'eaux usées. Mais nous préférons reconnaître là la respiration de la mer.

Impossible de rêver avec le tuyau des égouts.

Jusqu'à preuve du contraire...

POURQUOI LES ÉTOILES SONT-ELLES INÉGALEMENT RÉPARTIES DANS LE CIEL?

Vous l'avez remarqué en levant la tête au ciel, pendant les chaudes nuit d'été. Suivant où l'on porte le regard, on découvre des zones constellées d'étoiles (c'est le cas de le dire), et d'autres quasiment dépeuplées.

Pourquoi les étoiles ne sont-elles pas réparties de manière homogène sur la voûte céleste, puisqu'on nous dit qu'il y en a tout partout dans l'univers ?

Dans l'univers oui. Mais pas dans notre galaxie.

La terre, et avec elle notre système solaire, campe dans une galaxie qui n'est pas sphérique mais allongée, aplatie, un peu comme une grosse galette rebondie au centre. L'ensemble compte cent milliards d'étoiles et de la matière interstellaire (plasma et poussière). Or la terre est confinée au bord de la galaxie, à sa périphérie, à quelques 28 000 années-lumière du centre.

Tout dépend donc dans quelle direction on braque sa longue-vue. Si l'on regarde vers le centre de la galaxie, il y a évidemment beaucoup d'étoiles dans notre champ de vision. La fameuse voie lactée. Mais si l'on regarde ailleurs, autrement dit latéralement, il y en a beaucoup moins. Et pour cause : notre galaxie a une épaisseur maximale de 15 000 années-lumière, pour une longueur de 100 000 années-lumière ; c'est-à-dire huit à dix fois plus suivant les endroits. Voilà pourquoi les étoiles ne sont pas réparties uniformément dans notre ciel.

Même à Hollywood.

Jusqu'à preuve du contraire…

POURQUOI VOIT-ON SA VIE DÉFILER JUSTE AVANT DE MOURIR?

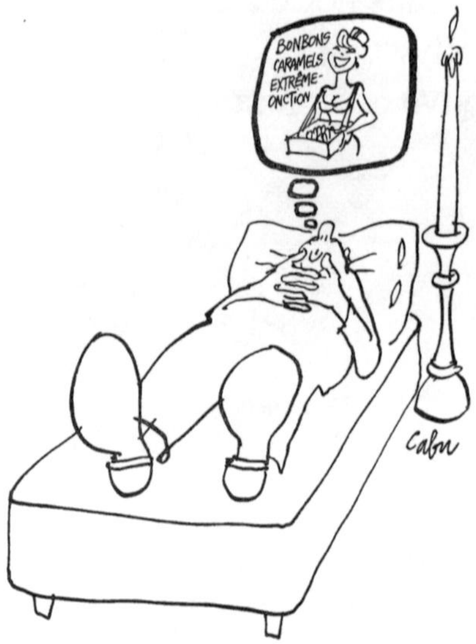

Là, je m'arrête tout de suite avant que vous ne me fassiez subir le même sort : comment peut-on savoir que sa vie va défiler juste avant sa mort alors que, justement, l'instant d'après, on décède. Y a que les morts qui peuvent savoir une chose pareille. Et ils ne sont plus là pour nous l'apprendre ! Ou alors c'est Michel Piccoli qui s'y colle, mais c'est du cinéma.

Certes, ce ne sont pas les défunts qui nous ont raconté leur dernière heure. En revanche, il est très souvent arrivé qu'on sauve *in extremis* des personnes à l'article de la mort. Par exemple des gens qui allaient se noyer, ou des rescapés d'une avalanche ou d'un accident d'avion. Ce sont ces personnes qui ont raconté qu'au moment où elles avaient cru qu'elles allaient mourir, elles avaient vu leur vie défiler à toute vitesse devant leurs yeux ahuris. Ce genre d'événement est connu des scientifiques, qui lui donné les initiales NDE, *Near Death Experience*.

Mais revenons à la question : pourquoi voit-on défiler sa vie au moment crucial ?

Deux explications sont avancées. La première est celle du neurochirurgien canadien Wilder Penfield. Il explique qu'au cours de notre existence, le cerveau enregistre tout. Absolument tout. Même si l'on ne s'en souvient paradoxalement plus. Notre mémoire s'apparenterait à une immense banque de données, stockant heure après heure, jour après jour, année après année. Sauf qu'on n'y a pas accès. Seul un stimulus hors du commun, déclenché par un événement phénoménal (la violence d'un accident, la sensation de la mort toute proche) qui peut faire remonter en surface tous ces souvenirs.

La seconde explication ne contredit pas la première, mais va plus loin. Tout proviendrait des lobes temporaux, une des parties du cerveau appelée ainsi car située de chaque côté contre les tempes, lobes spécialement sensibles aux carences en oxygène. Quand on se noie par exemple, on ne peut plus respirer, et notre cerveau se trouve effectivement privé d'oxygène. Idem si un accident de voiture nous bloque les poumons. Or donc, à cause de cette partie hypersensible, les signaux électriques envoyés par le cerveau sont complètement déréglés. Un peu comme si le cerveau ne pouvait plus maîtriser toutes les informations qu'il possède. Et, parmi ces informations : les souvenirs. Ils ressurgissent tous, en bloc et en rafale. Et nous voyons ainsi notre vie défiler.

Et quand on lit trop vite ?

Abcdefghijklmnopqrstuvwxyz.

On voit tout l'alphabet défiler.

Jusqu'à preuve du contraire...

POURQUOI JOINT-ON LES MAINS POUR PRIER?

Vous l'avez vu à l'église ou dans les très beaux films de Zeffirelli ou de Pasolini. Les chrétiens rejoignent leurs mains dans la prière, paume contre paume. Mais pas seulement les chrétiens. Beaucoup de religions ont fait de cette position une posture sacrée. On la retrouve dans de multiples fresques et dessins représentant les divinités hindoues ou égyptiennes.

Pourquoi pas les bras en éventail ? Ou croisés dans le dos ?

Pourquoi les mains jointes ?

La signification primordiale de ce geste correspond à une action très précise :enchaîner ensemble les mains d'un prisonnier. C'est pourquoi même sans chaîne ou sans corde autour, les mains jointes ont symbolisé la soumission de l'homme. À son maître, à son Dieu, à son créateur.

Dans la symbolique, joindre les mains signifie se mettre en position neutre (im-puissante) par rapport aux éléments, du cosmos et d'ailleurs. Les mystiques y voient un recentrage de l'équilibre du corps et de l'âme.

Selon les historiens, il semble acquis que ce geste des mains jointes s'était répandu parmi les peuples bien avant que l'Eglise ne se l'approprie.

En effet, la Bible n'en fait pas expressément mention. Et ce n'est que vers le IXe siècle que la prière les mains jointes apparaît dans l'univers de la chrétienté. Par la suite, peintres et sculpteurs l'ont représentée dans leurs œuvres, même si l'action se déroulait à des époques antérieures à cette pratique.

Que la paix soit avec vous.

Jusqu'à preuve du contraire...

POURQUOI LA NOURRITURE SEMBLE-T-ELLE MEILLEURE DANS UN FOUR TRADITIONNEL PLUTÔT QU'AU MICRO-ONDES ?

Loin de moi le désir de brocarder ici le four à micro-ondes, le meilleur moyen de rater le réchauffage d'une tarte tatin (vous avez connu ça au restaurant : le caramel en fusion sur le dessus, la croûte encore congelée).

Je voudrais juste faire remarquer qu'un rôti qui a passé une bonne heure dans un vieux gros four en fonte semble bien plus appétissant que si on l'avait cuit en sept minutes et demie, Ting ! (Ouverture de la porte comprise.)

Pourtant, c'est le même rôti. Alors pourquoi ?

Parce que la technique des micro-ondes n'exige que quelques instants de cuisson. Pas assez pour que l'arôme ait eu le temps de voyager partout dans la cuisine, et donc que vous ayez eu le temps de le sentir.

Or la sensation de goût naît d'une multitude de facteurs. La langue est seulement capable de faire la différence entre quatre saveurs : amères, acides, salées et sucrées. Le goût se complète par les sensations *tactiles* (saveurs âcres, astringentes, gommeuses), *thermiques* (fraîches, tièdes ou chaudes), et *olfactives*.

C'est par l'odeur qu'on distingue le fumet des viandes ou le bouquet des vins, même avant de les avoir en bouche. La classification de Zwaardemaker dénombre neuf odeurs de base. Leur combinaison offre à l'odorat plusieurs milliers de parfums différents. Ils s'additionnent aux sensations gustatives pour créer un plaisir complet.

Enfin et surtout, dans la cuisson longue, les bonnes odeurs qui s'échappent petit à petit du four chatouillent vos narines et déclenchent un réflexe fondamental : la sécrétion de sucs gastriques qui facilitent la digestion. Au final, un plat cuisiné à l'ancienne vous laissera une meilleure impression. Parce que vous l'aurez mieux digéré.

C'est dans les nouvelles recettes qu'on rate les meilleures soupes.

Jusqu'à preuve du contraire…

POURQUOI LES PIEDS ENFLENT-ILS EN AVION?

Vous l'avez remarqué pendant un trajet Lyon-New-York, ou Paris-Valparaiso. Un vol interminable. A l'atterrissage, vous aviez l'impression que vos chaussures avaient rapetissé ou que vos pieds avaient gagné une pointure. Parfois, c'est encore pire : vous avez enlevé vos souliers pour somnoler; et impossible de les remettre, même au chausse-pied enduit de vaseline.

Pourquoi les pieds enflent-ils en avion? Est-ce à cause de la vitesse de l'appareil? De la pressurisation de la cabine? De la diminution de la pesanteur due à l'altitude?

Rien de tout cela. Selon les experts — pas les cordonniers, les médecins —, les pieds enflent en avion principalement à cause de notre position sur le fauteuil.

D'abord, nous sommes complètement immobiles. Ensuite, les mollets se tiennent perpendiculairement au sol, à la verticale. Ce qui ne facilite pas la circulation. Le sang descend et gonfle les veines du pied, tout simplement sous l'effet de la gravité.

Vous allez me dire : et pourquoi, au cinéma, nos arpions n'enflent-ils pas comme dans un 747 ? Réponse évidente : c'est qu'aucun film ne dure, comme un Paris-Tokyo, 26 heures !

Revenons à nos souffrances aériennes. Changer de chaussures n'y changera rien. La seule façon de soulager nos pieds comprimés et meurtris serait de marcher le long du couloir pour activer la circulation sanguine. Malheureusement, on ne connaît pas encore de compagnie aérienne qui nous laisserait piquer un 100 mètres dans la carlingue.

Jusqu'à preuve du contraire…

POURQUOI REGARDE-T-ON EN L'AIR QUAND ON RÉFLÉCHIT?

Qu'on se rappelle quand on a passé le brevet. On était tous très absorbés, et on regardait tous en l'air. Comme s'il y avait eu un film qui passait au plafond.

Pas de fausse modestie. Nos plus grands penseurs regardent en l'air quand ils réfléchissent. Pas plus tard que le mois dernier si l'on en croit l'hebdomadaire *Voici*, en prenant son petit déjeuner, BHL s'est demandé comment il allait s'habiller. Et ça n'a pas loupé, il s'est retrouvé une tartine à la main, en train de fixer la hotte du four. Une photo floue immortalise l'instant.

Réfléchissons intensément. Pourquoi regarde-t-on en l'air quand on réfléchit intensément ? Implore-t-on les dieux ? Qu'y a-t-il au dessus de nous ?

Pas grand chose pour nous aider. L'explication campe du côté de la neurobiologie. Commençons par le commencement.

En écoutant leurs patients évoquer leurs problèmes de communication, les neurobiologistes se sont aperçus qu'en fait, la plupart des gens perçoivent le monde au travers d'un sens dominant. Certaines personnes sont plus visuelles que d'autres, qui sont plus auditives que d'autres, qui sont elles plus tactiles.

En général, les sens dominants sont la vue, l'ouïe, et le toucher. Pour se rendre compte du sens dominant chez une personne (on appelle ça son système de représentation), il suffit parfois de l'écouter parler. Par exemple, une personne portée sur l'auditif dira : « J'entends bien ce que tu veux me dire, mais je n'aime pas le son de ta voix. » Une olfactive lui répondra : « Je ne peux pas te sentir. »

Or, ce système de représentation fonctionne aussi avec la mémoire. Prenez un exemple concret : demandez à quelqu'un de se souvenir d'un numéro de téléphone. S'il est visuel, il se représentera le cadran du téléphone. S'il est auditif, il entendra les chiffres dans sa tête. Et s'il est tactile, il se souviendra plutôt de ses doigts en train de composer le numéro.

Quel rapport avec le fait de regarder en l'air ?

En observant les patients qui réfléchissaient à leurs questions, les neurobiologistes ont vu leurs yeux suivre des mouvements différents selon qu'ils étaient auditifs, visuels, ou tactiles.

Nous y voilà. Ceux qui regardent en haut à droite sont des visuels qui cherchent à se souvenir d'images précises. Ceux qui regardent en haut à gauche sont en train de construire de nouvelles images. Quatre autres mouvements des yeux ont été codifiés.

En face à droite : souvenirs auditifs, bruits, son des mots.

En face à gauche : construction de nouveaux sons ou bruits.

En bas à droite : mode de réminiscence de ceux qui se parlent tout bas.

En bas à gauche : souvenirs liés au goût et à l'odorat.

Il existe évidemment des exceptions à ces modèles et de multiples combinaisons possibles. La neurobiologie n'en est qu'à ses balbutiements.

Mais schématiquement, les gens qui regardent en l'air quand ils réfléchissent sont en grande majorité des visuels. C'est d'ailleurs de très loin le système de représentation le plus répandu parmi nous.

Jusqu'à preuve du contraire...

POURQUOI LÈVE-T-ON LE POUCE VERS LE HAUT POUR DIRE QUE TOUT VA BIEN ?

Vous le savez : quand on lève le pouce, cela signifie parfois qu'on fait de l'auto-stop, mais plus souvent que tout baigne.

Pourtant, il n'y a aucune raison objective à ce geste. Pourquoi « tout va bien » ne serait-il pas symbolisé par le pouce tourné vers la droite, ou par un mouvement du bras, ou n'importe quoi d'autre ?

Ce n'est pas la Prévention routière, mais les Etrusques, puis les Romains, qui ont lancé la coutume cinq siècles avant notre ère. Aux jeux du cirque. Pour un gladiateur, le pouce tourné vers le haut depuis les tribunes de l'arène signifiait que sa vie serait épargnée. Un bonheur ineffable.

Les Egyptiens, eux, avaient mis au point un véritable langage du pouce dont les significations étaient proches du nôtre, mais avec infiniment plus de variantes.

Pourquoi ces civilisations avaient-elles choisi le pouce comme moyen de communication ?

Les historiens romains contemporains de Jules César ont donné les premiers une réponse à ce POURQUOI, et je ne les en remercierai jamais assez. Ils avaient observé qu'à la naissance, le bébé tient généralement la main fermée avec le pouce replié à l'intérieur. Au fur et à mesure qu'il grandit, le nourrisson réagit à son environnement en ouvrant progressivement la main, ce qui libère le pouce. Et comme pour boucler la boucle, la main se referme au moment de la mort, pour à nouveau tenir le pouce prisonnier.

Les Romains en avaient déduit que le pouce tourné vers le haut était signe de vie, et signal de mort dans le cas contraire.

Allez, pouce : j'ai fini pour aujourd'hui.

Jusqu'à preuve du contraire…

POURQUOI LA VIANDE DE BŒUF EST-ELLE ROUGE ET LA VIANDE DE VEAU BLANCHE, ALORS QU'IL S'AGIT DU MÊME ANIMAL?

Vous vous êtes cent fois posé la question chez le boucher. Vous achetez des escalopes de veau : c'est de la viande blanche. Vous commandez un rosbif : c'est de la viande rouge. Imparable. Pourtant, il s'agit bel et bien du même animal. Alors pourquoi le veau donne de la viande blanche et le bœuf de la viande rouge ?

Question d'alimentation. Pas la vôtre. Celle du quadrupède. Vous savez que la viande que l'on mange s'apparente au cerveau de Sylvester Stallone : en fait, c'est du muscle. La viande dite « de bœuf » provient des bœufs, des taureaux ou des vaches. Ce sont des ruminants qui s'alimentent essentiellement d'herbe. Leur digestion est très longue; le fourrage reste des heures dans l'estomac jusqu'à ce qu'il soit complètement transformé en sels minéraux, en vitamines, en fer (bref, en ce qu'on appelle les nutriments). Ensuite seulement, ces nutriments passent dans le sang. Là, dans les vaisseaux, un pigment particulier se charge de véhiculer l'oxygène vers les cellules, notamment les cellules musculaires : l'hémoglobine, bien connue des bouchers et des cinéastes. Dans les muscles, une protéine très voisine de l'hémoglobine, la myoglobine, reçoit cet oxygène et le met en réserve. Or, il se trouve que l'hémoglobine et la myoglobine sont rouges. Je dirais même « rouge sang ».

Revenons-en à notre bœuf : plus celui-ci mange de l'herbe, plus son sang est riche en hémoglobine, et plus ses muscles sont riches en myoglobine. Par conséquent, puisque l'hémoglobine et la myoglobine sont rouges, plus les muscles sont rouges. Et plus sa viande est rouge.

Le veau, lui, est bien trop jeune pour ça. Ce bébé boude encore l'herbe. Il boit seulement du lait au pis de sa vache de mère. Du coup, il ne rumine pas. Ce qu'il a ingéré passe très vite dans le sang, et celui-ci est extrêmement pauvre en hémoglobine. Du coup, ses muscles sont pauvres en myoglobine. Voilà pourquoi la viande de veau est blanche.

Et le blanc de poulet ?

C'est pareil, mais c'est différent.

Jusqu'à preuve du contraire...

POURQUOI LES ZÈBRES ONT-ILS DES RAYURES ?

Vous connaissez les rayures du zèbre. Des blanches, des noires, des noires, des blanches, il y en a tellement qu'on ne dit même plus qu'il est rayé, on dit qu'il est zébré.

Mais au fait : à quoi servent-elles ? Certainement pas à se camoufler dans le paysage. Vous avez déjà vu un décor de brousse rayé verticalement noir et blanc ? A la limite brun et roux...

Les rayures pourraient éventuellement servir à très courte distance comme signal de reconnaissance, mais là encore, on connaît des milliers d'autres espèces animales qui se distinguent parfaitement sans avoir à recourir à une décoration bichromatique si stylisée.

En fait, il semble que l'explication se tienne ailleurs. Non pas du côté du zèbre, mais de ses ennemis.

Première observation : tous les zèbres ne sont pas rayés de la même façon. Au nord et au sud de l'Afrique, ils ressemblent davantage à des ânes tachetés, pas avec des rayures franches comme au centre du continent. Des chercheurs allemands et anglais ont découvert que les zones où vivent les zèbres rayés correspondent exactement au territoire de la mouche tsé-tsé, celle qui véhicule la maladie du sommeil. Au fur et à mesure que l'on s'enfonce en Afrique tropicale dans les régions infestées par l'insecte, les rayures du zèbre gagnent en netteté, et son aspect diffère de plus en plus de celui de l'âne. Dans le sud par exemple, le couagga qui vivait au Cap il y a un siècle était uniquement rayé sur le cou.

Quel rapport avec la mouche tsé-tsé ? C'est que les yeux à facettes de l'insecte perçoivent très mal les formes géométriques. Et en particulier les rayures. Par conséquent, la mouche tsé-tsé ne repère que très difficilement le zèbre, donc elle l'épargne, allant administrer ailleurs sa léthargique piqûre.

Dernière question : le zèbre est-il noir à rayures blanches, ou blanc à rayures noires ?

La réponse se fait toujours attendre.

Jusqu'à preuve du contraire…

POURQUOI LES AVALEURS DE SABRES NE S'ÉGORGENT-ILS PAS ?

Vous avez déjà vu cela à la foire ou en cuisine : un inconscient qui s'enfile une lame d'au moins trente centimètres dans la gorge. Sans trucage, qu'il dit. Mais quel est le truc ? Un sabre télescopique qui se rétracte dans le manche ou dans la bouche ?

Voyons. Le sabre circule de main en main parmi les spectateurs, avant et après le numéro. Vous l'inspectez. Rien à dire. Ou plutôt si : un engin de mort qui couperait la tête à mille hérétiques. Alors où est le truc ?

Pas dans l'arme. Mais dans l'avaleur.

Normalement, quand on essaye de s'introduire un objet dans la gorge, on a aussitôt un réflexe de haut-le-cœur qui empêche d'avaler l'objet et, donc, éventuellement, de s'étouffer avec. Vous l'avez remarqué en vous enfonçant un doigt au fond de la bouche (pour des motifs que je préfère ignorer).

Or, les avaleurs de sabres ont appris à contrôler les muscles de leur gorge pour anihiler ce réflexe, et permettre à la lame de passer. Vous objectez que la bouche et l'estomac ne sont pas en ligne droite ? C'est ce que vous croyez !

Certes, au repos, il y a comme un angle droit. Mais l'œsophage peut se retrouver en ligne droite de l'axe de la cavité buccale à la condition expresse de renverser la tête en arrière, à angle droit justement. Ce que font les avaleurs de sabre. Ainsi, ils évitent la pomme d'Adam, et ils peuvent faire descendre leur sabre jusque dans l'estomac. Ou presque. Avec délectation. Ou presque.

Jusqu'à preuve du contraire…

POURQUOI LES FEMMES OUVRENT-ELLES GRAND LA BOUCHE QUAND ELLES SE MAQUILLENT LES YEUX?

Quel que soit votre sexe, vous l'avez constaté en observant Michel Serrault dans *La Cage aux folles*. Les femmes ouvrent la bouche comme un four pour se parer les cils de mascara.

Bizarre. Elles ne se maquillent pas les dents, pourtant. Pour comprendre, j'ai posé cent fois la question aux jolies femmes de mon entourage (et même aux moches, pour vous dire si ça fait du monde). Toutes affirment que c'est un réflexe. Quel genre de réflexe ?

Lorsque nous étions enfants, nous tirions la langue — au sens propre et au sens figuré — quand nous devions réaliser une prouesse : colorier un dessin, tracer à l'encre un « w » majuscule, construire une locomotive en *Lego*. Selon les pédiatres, cette attitude avait pour but de nous aider à nous concentrer sur ces tâches dantesques. Le fait d'ouvrir la bouche pourrait n'être donc qu'une réminiscence de ce « tirage de langue » enfantin. Mais cette hypothèse suscite deux objections : pourquoi dans ce cas les femmes ouvrent-elles la bouche, plutôt que de tirer la langue ? Et surtout : pourquoi ouvrent-elles la bouche quand elles s'occupent de leurs cils et non plus lorsqu'elles tentent d'autres opérations délicates, comme enfiler une boucle d'oreille ?

Un réflexe idiot, disent les misogynes. Un réflexe inconscient, concède l'esthéticienne du coin qui a fermé boutique avant qu'on ait eu le temps de lui faire remarquer qu'un réflexe *conscient* ne serait plus un réflexe. En tout cas, le misogyne et l'esthéticienne se rejoignent sur un point : dames et demoiselles n'ouvrent pas la bouche par hasard. Homme ou femme, savez-vous ce que nous faisons chaque jour des milliers de fois sans nous en rendre compte ?

Cligner des yeux.

Un acte qui ne dérange rien ni personne. Sauf... celle qui a besoin de s'enduire les cils de mascara. Or, ouvrir la bouche en grand atténue fortement le réflexe de clignement des yeux. Essayez devant votre glace pour vous en convaincre. D'autre part, quand vous écarquillez la bouche, mesdames, vous étirez et contractez les muscles de la face, des joues, mais aussi des paupières. Vos longs cils restent ainsi parfaitement immobiles. Vous pouvez enfin vous apprêter avec le soin que demande votre chère personne. Mais pas votre cher mari, impatient, qui vous attend pour sortir.

Jusqu'à preuve du contraire...

POURQUOI, QUAND ON OUVRE UNE BOUTEILLE DE CHAMPAGNE, COMMENCE-T-ON PAR TOURNER LE BOUCHON SUR LUI-MÊME, PLUTÔT QUE DE LE TIRER DIRECTEMENT VERS LE HAUT?

Vous connaissez le principe mais vous voulez en avoir le cœur net. C'est bien. Alors sortez le champagne du réfrigérateur. Et profitez de l'instant : vous voici dans le premier livre de questions *en direct*.

Attrapez fermement la bouteille, saisissez le bouchon, tournez-le sur lui-même jusqu'à ce qu'il

commence à bouger et là, tirez un bon coup, mais pas trop fort quand même. « Plop ! »

Laissez retomber la mousse. Avant de déguster, une question : pourquoi avez-vous commencé par tourner le bouchon, au lieu d'y aller franchement vers le haut ?

Parce que vous êtes malin. Et partisan du moindre effort. Bravo !

D'abord, quand on croit faire pivoter le bouchon, en réalité, on le tord sur lui-même. On tourne certes le haut du liège, mais le bas (la partie toujours prisonnière de la bouteille) ne bouge pas tout de suite.

Or quand on tord un objet, celui-ci diminue de diamètre à l'endroit même où il se tord ; parce qu'en fait il s'allonge. Comme par exemple un gant de toilette : si vous l'essorez, à l'endroit où il se tord, il s'amincit. En termes savants, on appelle ce phénomène une striction. Bref, à l'endroit où le bouchon est tordu, son diamètre diminue. De très peu, insuffisamment pour être distingué à l'œil nu, mais il diminue quand même. Du coup, à cet endroit-là, les forces d'adhérence à la paroi de verre sont moins grandes. Donc, le bouchon commence à glisser. A partir de là, ça va tout seul.

Vous pouvez vous resservir une autre coupe. Il existe encore une autre raison. On l'a vu : le bouchon se décompose en deux parties. Il y a le haut qui trouve hors de la bouteille, et le bas coincé dans le goulot. La partie supérieure du bouchon présente un rayon environ deux fois plus grand que celui de la partie inférieure. Cela ne vous rappelle pas le principe du levier ?

Quand vous tournez votre bouchon sur lui-même, vous exercez votre force sur la partie supérieure du bouchon, donc sur un rayon deux fois plus grand. Ce qui revient à dire que vous avez deux fois plus de force que si vous l'aviez bêtement tiré vers le haut.

Santé encore ! Deux verres, ça va.

Jusqu'à preuve du contraire…

POURQUOI NE MANGE-T-ON PRESQUE PLUS QUAND ON EST AMOUREUX?

Vous connaissez les signes cliniques du coup de foudre : état de béatitude générale, fatigue envolée, grosse ardoise chez le fleuriste. On en oublie même de manger. Ce n'est pas qu'on n'a plus le temps. C'est qu'on n'a plus faim.

Quand l'appétit va, tout va, dit le proverbe.

Corollaire : l'amoureux radieux et rayonnant devrait avoir un appétit d'ogre. Or c'est le contraire ; que se passe-t-il ?

Notre vie sentimentale est en rapport direct avec l'activité du cerveau. Pardonnez-moi d'être trivial, mais voici — schématiquement — ce qui survient au niveau moléculaire dans la tête de Roméo comme dans celle de Juliette.

Lorsque la belle Capulet et le fier Montaigu tombent amoureux, leurs cerveaux respectifs produisent en masse une molécule appelée « phényléthylamine ». C'est elle qui est en grande partie responsable du plaisir que l'on ressent à se trouver près de l'être aimé. A Vérone comme partout ailleurs. Or, d'un point de vue chimique, cette phényléthylamine s'apparente aux amphés. Les amphétamines, vous connaissez : c'est le nom savant des « coupe-faim » que l'on donnait il y a quelques années aux femmes qui suivaient un régime amaigrissant radical. Les amphétamines entrent également dans la composition des pilules dopantes que certaines armées donnent à leurs soldats pour les expédier au front remontés à bloc. Un euphorisant, donc.

Revenons à nos deux tourtereaux. Les voilà dans l'état d'un pilote de char soviétique en manœuvres. Grâce à la phényléthylamine, ils ressentent beaucoup moins le sommeil, la soif, et surtout la faim ; ils n'ont plus peur de rien, obnubilés par leur idylle. Le miracle chimique supplante la fatigue physique.

Ce n'est pas une raison pour sauter des repas.

Jusqu'à preuve du contraire…

POURQUOI LES DATES DES FILMS SONT-ELLES TOUJOURS INSCRITES EN CHIFFRES ROMAINS ?

Avant-hier, je suis allé voir un vieux Chabrol. Et effectivement, la date du film s'est inscrite sur l'écran pendant le générique. MDCCCCLXV, MDCCCCLXIX, quelque chose comme ça, je ne m'en souviens plus très bien. Alors que je me rappelle parfaitement l'horaire de la séance. C'est quand la petite aiguille est sur le X et la grande sur le IV.

Pour l'heure ça va, les chiffres romains. C'est moins pratique pour les années. Neuf fois sur dix, on n'arrive pas à dater les films sans les fiches de Monsieur Cinéma. Pourquoi ne l'écrivent-ils pas normalement, en chiffres arabes, comme tout le monde ?

Justement pour cacher la date. Contrairement aux

cinéphiles, le grand public film aime voir les films quand ils viennent juste de sortir. Or, ce n'est pas si courant. Principal diffuseur de cinéma, la télévision montre les films avec deux ans de retard sur leur sortie officielle. Un an sur Canal+. En salles, un film étranger arrive en France avec en moyenne six mois de retard sur New York et Los Angeles. Sans compter les séries B qu'on ne voit jamais au cinéma, mais en vidéo.

D'où l'astuce des producteurs : indiquer la date de leurs films — formalité imposée par la loi — en chiffres romains. Ainsi, on peut difficilement s'apercevoir que le chef d'œuvre qu'on contemple a déjà plusieurs années au compteur. *Les Mariés de l'an II*, par exemple.

Mais comme dans la plus grande tradition burlesque, l'arroseur est arrosé. A Hollywood, les scénaristes ne mettent plus de date sur les scripts qu'ils rendent, car à leur tour, ils se sont aperçus que les producteurs ne lisent que les scénarios les plus récents et flanquent les autres à la poubelle...

A propos, quel jour sommes-nous ? En quelle année ?

Aucune idée.

Jusqu'à preuve du contraire...

POURQUOI LE MÉLANGE EAU/PASTIS EST-IL OPAQUE ALORS QUE LES DEUX LIQUIDES SONT TRANSPARENTS ?

— Garçon !

— Oui, monsieur ?

— Dites-moi, garçon, le pastis en bouteille, c'est légèrement jaune et très limpide, n'est-ce pas ?

— Assurément.

— Votre eau, elle est limpide, claire, transparente ?

— Bien sûr monsieur.

— Et pourtant, quand je verse l'eau sur mon pastaga, le mélange que j'obtiens est brunâtre, et opaque. Je comprends pas, c'est illogique quand même. Pourquoi une réaction pareille ?

— J'en sais rien. Je suis serveur, moi, pas chimiste. Demandez plutôt au patron…

Le pastis est élaboré à base d'anis, ou plus exactement d'anéthol (c'est le nom scientifique de l'anis). Cet anéthol présente deux propriétés caractéristiques.

1. Pur, il est de couleur brune assez sombre (mais à moins de travailler chez Pernod-Ricard, vous ne l'avez jamais vu pur).

2. Dans la bouteille de pastis, il n'est pas pur, mais mélangé à de l'alcool. Parce que la molécule d'anéthol est une molécule particulière qui ne se dissout que dans l'alcool, et à condition que celui-ci ait un degré élevé : 40° ou 45° (c'est pour cette raison que le pastis est si corsé). Quand on mélange l'anéthol avec un alcool fort, les molécules d'anéthol et les molécules d'alcool se combinent entre elles. Elles se soudent pour former des molécules complexes anéthol-alcool qui n'ont pas de couleur particulière et qui laissent passer la lumière. Autrement dit, la couleur brunâtre de l'anéthol a disparu. Le mélange ainsi formé est transparent dans la bouteille de Casanis ou de 51.

Enfin, ultime opération au bistrot : rajouter de l'eau dans un fond de verre de pastis, c'est-à-dire dans notre conglomérat anéthol-alcool. Ainsi on fait baisser le degré d'alcool. C'est logique : plus vous rajoutez de l'eau, moins votre pastis vous paraît fort. On le dilue. Du coup, comme le mélange n'a plus un degré d'alcool assez élevé, les grosses molécules anéthol-alcool n'ont plus assez de cohésion pour se maintenir et se rompent. Les molécules d'anéthol se retrouvent autonomes, comme qui dirait à l'état sauvage, flottant dans l'alcool. Elles reprennent leur couleur sombre. Et c'est ce que l'on voit dans notre verre.

A la table d'à côté, le whisky et la vodka restent limpides même imbibés d'eau — supposons que les glaçons aient fondu —, car ce sont des spiritueux dans lesquels on ne trouve pas trace d'anéthol.

Garçon, la même chose !

Trois verres, bonjour les dégâts.

Jusqu'à preuve du contraire...

POURQUOI LES JAUGES À ESSENCE DES VOITURES METTENT-ELLES PLUS DE TEMPS POUR ALLER DE *PLEIN* À *MOITIÉ-PLEIN*, QUE POUR ALLER DE *MOITIÉ-PLEIN* À *VIDE* ?

Vous avez déjà remarqué le phénomène, mais vous vous demandez s'il faut en parler à votre garagiste où à votre psychiatre. Vous craignez l'hallucination tant vous redoutez la panne sèche : l'aiguille de votre indicateur d'essence ne bouge pas pendant des bornes et des bornes. Soudain, le niveau diminue à vue d'œil.

Rassurez-vous : ce ne sont pas des idées à vous. C'est bien réel : l'aiguille du niveau d'essence met plus de temps pour aller de *plein* à *moitié-plein*, que pour aller de *moitié-plein* à *vide*. Par exemple, une Renault Clio peut avaler environ 250 kilomètres jusqu'à ce que la jauge indique « 1/2 » ou « moitié-plein ». Puis il reste 150 kilomètres à parcourir avant que la jauge indique « 0 » ou « zéro ». En général, d'un véhicule à l'autre, quand l'indicateur du tableau de bord en est à la moitié, il ne vous reste qu'un tiers d'essence.

On se fiche de vous ? Au contraire ! Il y a une raison à cette aberration. Une double raison, même.

D'abord, voici comment fonctionne votre jauge à essence. Un flotteur placé dans le réservoir de la voiture est relié à une résistance électrique. La valeur de la résistance varie en fonction de la position du flotteur, plus haut, ou plus bas.

Quand le réservoir est rempli à bloc, le niveau atteint par l'essence dépasse le niveau que peut atteindre le flotteur. Autrement dit, quand le flotteur est au maximum de son niveau, ça ne signifie pas forcément que le réservoir est totalement rempli. Par conséquent, après un vrai plein complet, la jauge va vous indiquer « plein » pendant un certain temps. À l'inverse, quand l'aiguille de la jauge indique « zéro », c'est que le flotteur ne peut pas descendre plus bas. Mais, en réalité, il reste un peu de carburant : la fameuse réserve. Heureusement pour les étourdis, d'ailleurs.

D'autre part, la standardisation des voitures fausse les mesures. Par souci d'économie, beaucoup de constructeurs ont installé les mêmes jauges à essence sur des modèles de réservoirs un peu différents — entre la version essence et la version diesel par exemple.

Il y a encore quelques années, les réservoirs étaient des cylindres ou des cubes. La position médiane de la jauge correspondait donc à la mi-capacité. Aujourd'hui, les ingénieurs placent le réservoir là où il y a de la place. Du coup, les réservoirs ont des formes tarabiscotées, pas géométriques du tout.

Bref, récapitulons : les jauges ne sont pas linéaires. Le zéro indiqué sur votre jauge n'est pas le vrai zéro ; et le maximum n'est pas le vrai maximum. Voilà pourquoi vous avez l'impression — exacte — que l'aiguille s'affole à l'approche de la panne sèche.

Et vous avec.

Jusqu'à preuve du contraire…

POURQUOI LES POMMES BRUNISSENT-ELLES UNE FOIS CROQUÉES - OU COUPÉES?

« Elles sont toutes à croquer » nous chante la publicité. Qu'elles soient golden, granny Smith, ou reine de reinettes, vous connaissez le pépin : dès qu'on a mordu dedans, dès qu'on s'en coupe un quartier, les pommes deviennent plus ou moins marron à cet endroit. Pourquoi ?

Quand le couteau ou les dents attaquent la pomme, ils endommagent évidemment certaines cellules du fruit. Du coup, des éléments s'en échappent ; notamment des enzymes qui étaient enfermées dans des compartiment spéciaux à l'intérieur de la cellule.

Ces enzymes, les polyphénolases, oxydent alors les molécules incolores du fruit, appelées polyphénols, avec qui elles se trouvent en contact soudain. Une fois oxydées, ces molécules changent d'état et de nom. Elles deviennent des composés de la famille des ortho-quinones — oui môssieur ! —, lesquels se réarrangent, sont oxydés par l'oxygène de l'air, pour finalement se transformer en mélanine colorée. Cette mélanine, vous la connaissez : c'est le pigment qui est la cause sous votre peau de votre splendide bronzage cuivré. Les taches brunes que l'on voit apparaître sur une pomme coupée, ce sont aussi des molécules de mélanine, qui se sont formées sous l'action des enzymes.

Les pommes — et les aoûtiennes — ne sont pas les seules à s'assombrir ainsi. Les bananes et les pommes de terre brunissent. Les poires, les abricots et les pêches noircissent carrément. En revanche, oranges et citrons restent clairs.

Par quel miracle ? Pour deux raisons : d'une part, parce que l'acidité retarde l'action des enzymes, et donc le « brunissage ». D'autre part, parce que l'acide ascorbique — la vitamine C — présent dans tous les agrumes et *a fortiori* dans le citron est un anti-oxydant.

C'est également pourquoi les recettes de salades de fruits et de tartes aux pommes nous conseillent d'arroser les fruits d'un jus de citron.

Conclusion : n'ayez pas peur d'un zeste déplacé. Et évitez les mauvais jeux de mots.

Jusqu'à preuve du contraire…

POURQUOI LES DROMADAIRES ONT-ILS UNE BOSSE? ET POURQUOI LES CHAMEAUX EN ONT-ILS DEUX?

Ensemble, comptons les bosses. Dromadaire : 1. Chameau : 2. Pourtant ce double POURQUOI n'est pas arithmétique, mais zoologique. La question première n'est pas de savoir pourquoi le dromadaire a *une* bosse, mais plutôt de comprendre ce qu'elle fait sur son dos.

Je suis sûr que vous avez une petite idée : la bosse du dromadaire serait une réserve d'eau. Eh bien non !

Grâce à sa bosse, certes, le dromadaire peut résister à la sécheresse du désert. Dix fois mieux que l'homme, quatre fois plus que le cheval. Il peut parcourir 300 km en quatre jours sans absorber une seule goutte de liquide. Pourtant sa bosse contient non pas de l'eau, mais de la graisse.

De la graisse par cette chaleur ? Oui. Car comme tous les composants de notre corps, la graisse contient de l'hydrogène. Quand celui-ci se consume avec l'oxygène de l'air (c'est le phénomène bien connu de la respiration), il se forme de l'eau. H_2O, deux atomes d'hydrogène pour un atome d'oxygène.

D'où cette sophistication suprême de la nature : la bosse de graisse de quarante kilos du dromadaire lui fournira bien plus de quarante litres d'eau.

Mais alors, pourquoi le chameau a-t-il deux bosses ? Boit-il davantage que le dromadaire ? Ou est-ce son climat qui est plus ensoleillé ?

Loin du bar, répertorions leurs différences. Tous deux sont des camélidés. Le chameau (*camelus bactrianus*) vit en Asie et blatère. Le dromadaire (*camelus dromedarius*) se tait, lui, en Afrique. Au zoo, c'est en comptant leurs bosses qu'on les distingue. (Il existe également une divergence au niveau de la seconde molaire inférieure ; mais il faut être dentiste et attendre qu'ils ouvrent la bouche en même temps pour s'en assurer.)

Les bosses du chameau renferment également des

réserves de graisse que son métabolisme sait transformer en eau quand le besoin s'en fait sentir. Pourquoi son cousin le dromadaire en a-t-il une en moins, alors qu'il serait si pratique d'en avoir une deuxième de rechange ?

C'est que j'ai parlé trop vite.

En fait, comme les chameaux, les dromadaires ont eux aussi deux bosses. Simplement, on ne perçoit pas bien la première — celle qui fait suite au garrot —. Les deux bosses ont fusionné. Morphologiquement, l'unique bosse du dromadaire équivaut aux deux bosses du chameau. En observant attentivement un dromadaire, on s'aperçoit qu'une sorte de « pli de séparation » s'est maintenu entre les deux bosses.

Et justement, je vous le conseille. On n'observe jamais assez le dromadaire.

Jusqu'à preuve du contraire...

POURQUOI NOËL TOMBE-T-IL INVARIABLEMENT LE 25 DÉCEMBRE ?

Vous le savez comme moi, la nuit de Noël, c'est le 24 décembre. Et Noël, c'est le 25. Heureusement, sinon on finirait par trouver la nuit bien longue. Pourquoi cette date et pas une autre ? Pourquoi n'a-t-on pas groupé, par exemple, Noël et la fête du travail, ou Noël et le 11 novembre ?

Vous allez me dire : c'est parce que Noël correspond à la nativité et pas à l'armistice. Et vous avez raison.

Mais au fait, quand est né exactement l'enfant Jésus ?

La Bible ne le précise pas. Ni les registres de mairie de Bethléem. Dans l'Antiquité, on ne jugeait pas toujours utile de retenir la date de naissance des enfants.

On ne connaît donc ni l'année[1], ni le jour de la nativité. Quelques passages bibliques laissent penser

1. De nombreuses investigations scientifiques tendent à prouver que le Christ ne soit pas né en l'an 0 (zéro) de notre ère.

qu'elle s'est produite au cours d'une saison douce.

Aussi, dès le début de l'ère chrétienne, il y eut des discussions acharnées et toutes sortes de théories sur sa datation. La controverse a agité les croyants pendant plus d'un siècle. Certains penchaient pour le 25 mars, d'autres repoussaient l'Événement au 18 avril, d'autres encore le ramenaient au 6 janvier.

Mais en 354, le pape Libère — c'est son nom, pas un verbe — fixa d'autorité la nativité au 25 décembre. Pourquoi ? Parce que cette date correspondait selon les calculs de l'époque à la première nuit du solstice d'hiver (aujourd'hui le 22 décembre à 8 heures, 54 minutes, et 38 secondes exactement).

Or ce solstice était célébré depuis la nuit des temps par les fêtes païennes du feu, de la lumière, de l'abondance ou de la fécondité en vigueur chez les peuples latins et même nordiques.

Que ce soit un hasard ou un calcul, cette coïncidence de dates a fait de Noël une célébration quasi-universelle. Puisque cette année encore, Noël tombera pile pendant la période des fêtes.

Mais aux fêtes, au fait, pourquoi le jour de l'an tombe-t-il toujours le premier janvier ? Vous le saurez avant l'année prochaine. En attendant, vous pouvez désormais écrire officiellement au père Noël. Son adresse : Père Noël, 33504 Libourne.

Mettez un timbre, il vous répondra.

Jusqu'à preuve du contraire…

POURQUOI LE KETCHUP NE VEUT-IL JAMAIS SORTIR DE LA BOUTEILLE ?

Je sais, j'exagère.

J'ai écrit « jamais », alors qu'en fait, le ketchup finit toujours par s'écouler de la bouteille. Mais péniblement, dans la douleur, après qu'on ait martelé cinquante fois l'arrière du flacon.

Pourquoi les fabricants n'ont-ils jamais eu l'idée de fabriquer des flacons moins étroits, ou du ketchup moins compact ?

Mais ils l'ont eu, l'idée !

Alors pourquoi n'achète-t-on pas ces ingénieux produits ?

Parce que les consommateurs sont têtus. Lui. Elle. Moi. Vous peut-être. Nous tous. Mais d'abord les Yankees.

Aux Etats-Unis, pays inventeur du ketchup, toutes les marques ont essayé de commercialiser de nouveaux flacons plus faciles à utiliser. Donc plus vite remplacés. Dans les années 60 puis 70, les as du marketing ont tenté l'expérience. Ils ont placé côte à côte en rayon les deux modèles, l'ancien et le nouveau. Verdict : les acheteurs préféraient l'ancienne bouteille, celle qui verse mal.

Pour que le ketchup s'écoule facilement, les cuisiniers-concepteurs avaient imaginé deux solutions. Du ketchup moins consistant ? Les gens n'aimaient pas : ils le trouvaient trop liquide. Des bouteilles avec un goulot plus large ? Les gens n'aimaient pas : ça leur rappelait le jus de tomate. Dans les deux cas, c'était les stocks qui ne s'écoulaient plus.

Vous allez me dire qu'on trouve aujourd'hui sur le marché des récipients très pratiques, en plastique souple, avec un petit trou au bout. Il suffit de presser dessus pour les vider. Les connaisseurs préfèrent l'original. Certaines ménagères prétendent que ces bonbonnes molles évoquent pour elles le produit vaisselle.

Voilà pourquoi, comme tout le monde ou presque, je persiste bêtement à râler contre le ketchup qui ne veut pas s'épancher dans l'assiette. Mais je n'en changerais pour rien au monde. A ce compte-là, pourquoi pas du Bordeaux sous vide, à ouverture facile, avec une languette en aluminium ? Personne n'en voudrait. Quoique…

Voyez l'eau minérale. La France est l'un des rares pays où l'on achète sans sourciller un produit prétendu naturel conditionné en bouteille plastique.

Ce genre de comportement d'achat en apparence illogique est monnaie courante, c'est le cas de le dire. Le client est roi : on lui donne ce qu'il veut et il n'en veut pas. Souvenez-vous de la récente déconvenue de Coca-Cola qui avait lancé à grands frais le « New Coke ». Bide retentissant. Pourtant, le goût de la nouvelle version se rapprochait du Pepsi Cola. Pourtant, dans les tests à l'aveugle, les consommateurs préféraient le Pepsi au Coca…

Inversement, des centaines de milliers de télespectateurs peuvent rester plantés devant un programme qui ne leur plaît pas : « Ah c'était nul, le téléfilm d'hier soir !

— Ben pourquoi t'as pas changé de chaîne ? — Euh, j'en sais rien… »

Bref, le client n'a pas toujours pas raison.

Jusqu'à pas preuve du contraire…

POURQUOI L'ÉVENTAIL RAFRAÎCHIT-IL?

Inutile d'être Carmen l'Andalouse pour savoir jouer d'un éventail. Sous les climats les plus ibériques, même à 35° à l'ombre, il suffit de le faire paresseusement onduler devant vous pour ressentir une délicieuse sensation de fraîcheur. Et pourtant, la brise que vous vous soufflez au visage est elle aussi à une température de 35°. Alors pourquoi l'air paraît-il plus frais que s'il n'y avait pas l'éventail ?

Parce que ce n'est pas lui qui vous rafraîchit. En fait, le mouvement d'air déclenche un phénomène d'évaporation. Pas sur l'éventail. Sur vous. Et sur

Carmen. Ce qui s'évapore ? Les minuscules résidus de sueur qui constellent le visage en pleine canicule. Or, pour changer d'état (de solide à liquide, ou de liquide à gazeux), tout corps a besoin d'énergie. Un seul exemple : la flamme de la cuisinière permet à l'eau de la casserole de bouillir et de s'évaporer.

Attention : il n'est pas nécessaire d'atteindre les 100 degrés Celsius pour obtenir l'évaporation. Heureusement, sinon vos chaussettes resteraient éternellement humides sur le sèche-linge !

En tout cas, l'évaporation d'un liquide s'accompagne toujours d'une perte d'énergie, donc d'un abaissement de la température. C'est pourquoi l'éventail nous apporte fraîcheur et volupté.

De la même façon, l'éther versé sur la peau et qui s'évapore aussitôt cause une sensation de froid. Il pique de l'énergie à l'épiderme.

C'est encore la même histoire lorsque vous videz sous les aisselles votre déodorant en aérosol. Après un jet suffisamment long — comme dans la pub : interminable — vous constaterez que l'extrémité du flacon aura refroidi.

Ce n'est pas une raison pour détruire la couche d'ozone. Restons-en à l'éventail.

Jusqu'à preuve du contraire...

POURQUOI LA RÉCOMPENSE SUPRÊME D'HOLLYWOOD EST-ELLE UN OSCAR?

Vous le savez : Hollywood se prépare déjà à la grande cérémonie des Oscars, qui récompense non seulement le cinéma américain mais aussi le cinéma mondial. Oui, « déjà », car Hollywood prépare les prestigieux Oscars avec plus d'un an d'avance.

Il y a l'Oscar des meilleurs rôles féminin et masculin, l'Oscar du meilleur scénario, l'Oscar des meilleurs seconds rôles, l'Oscar du meilleur montage. Mais l'Oscar du meilleur Oscar est sans conteste l'Oscar du meilleur film.

Au festival de Cannes, les films reçoivent la Palme (symbole de gloire et arbre fétiche de la Croisette) ; à la Mostra de Venise le Lion d'Or (à cause du fauve qui représentait autrefois la puissance de la cité). Le cinéma français, lui, a lancé les Césars. Ce qui semble logique vu que la récompense est une sculpture de César.

Mais Oscar n'est ni un arbre ni un animal. Pourquoi ce prénom désuet ? Quel rapport avec la ville de Los Angeles, ou avec l'industrie cinématographique ?

Aucun.

Les Oscars — qui ne s'appelaient pas encore les Oscars — ont été créés aux Etats-Unis en 1928. Un sculpteur local avait réalisé une statuette en guise de trophée.

L'artiste s'appelait-il Oscar ? Comme son père : pas du tout. Il s'appelait George Stanley. Il avait réalisé son œuvre sur commande. Le directeur artistique de la MGM, Cedric Gibbons, lui en avait fourni le croquis : un homme debout, un chevalier longiligne, qui tient une épée verticalement. Le personnage se campe sur une bobine de film à cinq rayons qui représentent les catégories récompensées à l'époque : acteurs, metteurs en scène, producteurs, techniciens, auteurs.

La statuette resta sans nom jusqu'en 1931. Jusqu'à ce que Margaret Herrick, bibliothècaire de l'académie des Awards, la baptise. Le bronze plaqué or ressemblait tellement à son oncle Oscar !

Le sobriquet passera dans le domaine public le 18 mars 1934 dans l'article d'un échotier d'Hollywood, Sidney Skolsky. Et puisqu'on en est aux ragots, Margaret Herrick deviendra plus tard directive exécutive des Award, donc des Oscars. Sans que son oncle n'y soit cette fois pour rien.

Jusqu'à preuve du contraire...

POURQUOI LE SHAMPOOING MOUSSE-T-IL ?

Vous êtes peut-être en train de le remarquer à l'instant même en vous frottant la tignasse sous la douche.

Le shampooing mousse et fait des bulles sur votre tête. Vous laissez agir quatre à cinq minutes puis vous rincez avant de procéder à une deuxième application (c'est comme ça qu'ils disent, sur la notice). Cette fois, le produit mousse de plus belle. Vous vous en mettez partout, dans la nuque, les oreilles et parfois même dans les yeux !

Pourquoi toutes ces bulles ?

Le shampooing renferme un ou plusieurs agents actifs ; on les appelle des émulsionnants. En frottant, on les applique contre le cuir chevelu et le cheveu, tous deux sales comme un peigne. Le nettoiement s'effectue un peu par décollement des pellicules, de crasse et de poussière. Mais surtout par réaction chimique. Les émulsionnants se combinent avec les molécules de graisse, le sébum, sécrétées à la racine du poil par les glandes sébacées. Du coup, ces longues chaînes moléculaires se brisent en d'autres éléments que le rinçage élimine facilement. Vous voilà propre.

Une fois que le cheveu a été lavé, les émulsionnants du shampooing ne trouvent plus de graisse avec qui se combiner. Il se produit alors une émulsion type air/eau, qui génère de la mousse sous vos doigts. Exactement comme quand les enfants s'amusent à faire des bulles en soufflant dans de l'eau savonneuse.

Moralité : si votre shampooing mousse beaucoup, c'est peut-être qu'il nettoie bien. Mais c'est surtout parce que vous en avez trop mis. Bref, il mousse quand il n'agit plus.

Au passage, ne croyez pas que le sébum soit l'ennemi du cheveu comme le clame la publicité cosmétique. Il lubrifie pour le protéger et l'assouplir. Si les glandes sébacées cessent de travailler, le cheveu devient cassant ; c'est ce qui se produit chez les personnes âgées.

Certaines marques prétendent que leur shampooing « revitalise » votre chevelure. Mensonge ! Le cheveu est une partie morte de l'organisme, au même titre que les ongles. C'est le follicule qui le produit qui est vivant.

La seule destinée du cheveu est de tomber[1]. Il peut devenir moins cassant. Il ne peut pas devenir moins mort.

Jusqu'à preuve du contraire…

1. Un même cheveu peut tenir jusqu'à quatre ans. On en perd de 50 à 100 par jour, aussitôt remplacés par le follicule qui l'a perdu. Quand le follicule devient inactif, on appelle cela la calvitie.

POURQUOI LES CHAÎNES DE TÉLÉVISION DIFFUSENT-ELLES SI TARD LES FILMS D'ÉPOUVANTE ET LES FILMS ÉROTIQUES?

D'abord, la loi vous protège. Ou vous frustre, c'est selon. Il est strictement interdit de programmer à 20 h 50 *Boucherie à la tronçonneuse* et *Emmanuelle 12*. À cause des mineurs qui pourraient se trouver devant le poste; car ces films sont interdits en salle aux moins de 18 ans.

Ce qui conduit à une deuxième interrogation. Les chaînes croulent habituellement sous les lettres de téléspectateurs en colère : Pourquoi l'émission de Bernard Pivot passe-t-elle si tard? Quel scandale, le gala du cirque à 23 h, alors que les petits sont au lit! Il m'a fallu attendre minuit pour voir du hand-ball!

Or les seuls à ne pas se lamenter des horaires

tardifs sont les amateurs et amatrices de frissons, qu'ils soient déshabillés ou déchiquetés (les frissons, pas les amateurs). Pour quelle raison ?

Parce qu'ils n'ont pas sommeil une fois que leur film a commencé. Et pour cause : la peur et le désir sexuel sont les deux seules émotions qui maintiennent l'homme éveillé en toutes circonstances. Et même la femme. Question de survie de l'espèce. Aux temps préhistoriques — et même avant —, après s'être nourri, il fallait se protéger et se reproduire. Pas question de dormir si un ours rôdait dans le secteur, ou si un adulte mâle dégottait une compagne chaudement disposée à lui offrir son corps et ses baisers paléolithiques. L'hypothalamus et l'adrénaline se chargeaient, et se chargent toujours, de vous garder les yeux ouverts et le cœur battant.

Voilà pourquoi, des centaines de milliers d'années plus tard, les films d'épouvante comme les films érotiques réalisent de si bons scores à l'Audimat, en dépit de l'heure tardive de leur diffusion. Un couple de mes amis m'a pourtant pris à partie : « L'autre soir, je me suis endormie devant *L'Exorciste*...

— Et moi, je me suis endormi devant *Soumises et sodomisées...* »

C'est que face à l'écran, madame n'avait pas peur. Et monsieur pas envie.

Jusqu'à preuve du contraire…

POURQUOI RÊVE-T-ON TOUJOURS DE SITUATIONS INVRAISEMBLABLES ?

Inutile de vous en plaindre : les mélanges absurdes et désordonnés font le charme des rêves. On retrouve invariablement les bons personnages, mais dans le mauvais décor. Ou l'inverse.

Par exemple, la nuit dernière, Isabelle Adjani est venue dîner à la maison avec Raymond Barre et Liz Taylor (ils ont monté un combo de jazz). Avant-hier, c'était mon plombier qui passait à la télé. Engagé comme pilote de F1 chez Williams-Renault, il tenait la *pole-position* devant les deux Ferrari aux essais de Monza.

Pourquoi ces aberrations ?

Parce que le rêve associe deux types de mémoire, très différentes.

Arrêtez-moi si je radote[1], mais vous n'avez pas

1. Voir « Pourquoi les personnes âgées ont-elles tendances à radoter ? »

oublié que deux sortes de mémoire nous équipent : la mémoire à court terme, et la mémoire à long terme. Schématiquement, la première emmagasine ce que vous venez d'accomplir dans la journée et les cinq dernières minutes. La seconde stocke ce qui s'est passé une semaine ou un an auparavant.

Qu'est-ce que ces mémoires fabriquent dans nos rêves ? Une part de nos rêves, justement.

La mémoire immédiate, d'abord. C'est à cause d'elle que nous rêvons souvent d'événements survenus la veille. Par exemple, un reportage sur Jean-Paul II vu à la télé avant de nous endormir.

Puis il y a la mémoire à long terme, plus profonde, et plus lente. De celle-ci dépend davantage le contexte, le décor de votre rêve. Or, ces deux mémoires fonctionnent en parallèle, dans la vie comme dans les songes.

Voilà qui explique que lorsque vous partez en vacances à la neige, la première semaine, vous rêvez du moniteur de ski ; mais coincé avec vous en voiture dans les embouteillages pour aller bosser.

Inversement, lorsque vous débarquez d'un mois aux Seychelles, vous rêvez que vous êtes toujours en train de faire du ski nautique sur l'océan. Sauf que le pilote du hors-bord, c'est votre concierge qui vous a remis votre courrier la veille.

Et si votre guide afghan passe la poussière dans les escaliers ?

Ce n'est plus un rêve. C'est un mauvais trip.

Jusqu'à preuve du contraire…

POURQUOI, À LA CAMPAGNE, DEUX MAISONS QUI SE SUIVENT N'ONT PAS DES NUMÉROS QUI SE SUIVENT?

Vous vous en êtes rendu compte le week-end dernier en allant voir la nouvelle bicoque de vos amis en Normandie. Ils habitent au bord d'une petite route, entre Honfleur et Trouville. Au n° 484.

En arrivant au n° 375, vous avez cru qu'il vous faudrait encore un certain temps afin de franchir les numéros séparant les deux maisons. Oh surprise ! Le numéro qui suit est le 484, celui de vos amis.

Hou là ! D'une part, on passe directement du numéro 375 au 484. D'autre part, sur le même côté de la route, on peut trouver un numéro pair et un numéro impair. S'agit d'une erreur des Ponts-et-Chaussées ? Le p'tit calva envoyé avant de partir aurait-il coincé ?

Ni l'un ni l'autre. Hors des villes, on n'utilise pas

la numérotation paire/impaire, mais la numérotation métrique. Le numéro 484 n'est donc pas celui de la 484e maison. Il signifie que la maison est située à 484 mètres en partant du début de la route.

Pourquoi n'utilise-t-on pas la numérotation paire/impaire à la campagne ?

Parce que cela pourrait surprendre. Et pas qu'en bien. Imaginez que vous cherchiez le numéro 16. En arrivant au numéro 12, vous croyez y être presque. Vous vous exclamez : « J'y suis presque ! » En fait, il peut vous rester un, deux, ou trois kilomètres à parcourir.

Si vous circulez à vélo, dans les Alpes, et en montée, c'est vraiment une très mauvaise surprise.

Jusqu'à preuve du contraire…

POURQUOI LES COUPS DE FOUDRE NE DURENT-ILS PAS ÉTERNELLEMENT ?

Vous connaissez le refrain : Plaisir d'amour ne dure qu'un jour. Si vous ne le connaissez pas, patience. Vous le connaîtrez un jour.

Au début, tout commence pourtant magnifiquement, comme par enchantement. Tristan et Iseult, Héloïse et Abélard, Belle et Sébastien. Rien n'est plus agréable au monde que de serrer dans ses bras l'être aimé. Rien de plus indispensable. N'importe quelle peccadille cause une joie immense, à condition de l'accomplir ensemble : marcher sous la pluie, couper du bois, changer la roue du scooter. Pourquoi ce miracle ?

Nous l'avons vu : notre vie sentimentale est en rapport avec l'activité du cerveau. Lorsque nous sommes amoureux, il se produit sous notre crâne l'activation de plusieurs zones ultra-sensibles, notamment celle que les neurobiologistes appellent « le système de plaisir ». Il porte bien son nom, le bougre. Stimulé par la noradrénaline, le système de plaisir sécrète des endorphines qui procurent un sentiment de plénitude. Après analyse, on a découvert que ces stupéfiantes molécules s'apparentent à la famille des opiacés, c'est-à-dire des dérivés de l'opium. Une drogue dure. Sauf qu'il s'agit là d'une drogue endogène, c'est-à-dire qu'elle provient de l'intérieur de l'organisme et non de l'extérieur.

Le plus réjouissant, c'est que la présence de l'autre suffit à entretenir la stimulation. Il y a production d'endorphines chaque fois qu'on est deux. D'où attachement, pour ne pas dire dépendance.

Or, le besoin de plaisir se renforce de lui-même. Chaque moment passé avec l'être aimé en accroît la nécessité. Plus les tourtereaux se voient, plus ils veulent se revoir. Et on les comprend. Traduisez en langage chimique : plus ils sécrètent d'endorphines, plus ils veulent en recevoir.

Le problème, c'est que le cerveau, seul producteur, est incapable d'en fournir au-delà d'un certain seuil. Impossible soudain d'augmenter les doses !

C'est à cet instant fatal, et paraît-il inéluctable, que les ennuis commencent. Voilà pourquoi les coups de foudre ne durent pas éternellement. L'ivresse semble s'estomper peu à peu. C'est imperceptible ; cela semble catastrophique. Chacun croit ne plus être aimé, puisque l'autre n'est pas *ostensiblement* plus amoureux que la veille. Les amants ressemblent en cela aux toxicomanes et aux alcooliques : une partie de leur satisfaction réside dans l'augmentation des doses.

Vous venez d'atteindre ce seuil crucial ? Rassurez-vous. L'amour ne fuit pas. Il se stabilise. Mais en équilibre instable. La difficulté et le bonheur consistent à le maintenir sur cette crête.

Comment ?

Toutes les pages de la littérature ne suffiraient pas à le raconter. Toute la science du monde n'a jamais percé le mystère. Certains l'ont pourtant vécu.

Jusqu'à preuve du contraire…

POURQUOI SE SERRE-T-ON LA MAIN POUR SE DIRE BONJOUR?

Cela vous semble tellement naturel que vous n'y faites plus attention. On se serre la main pour se dire bonjour. C'est tellement vrai que pour se dire au revoir, on se serre aussi la main. Généralement la même.

Pour quelle raison ?

La question n'est pas aussi élémentaire qu'il n'y paraît.

Car il n'en a pas été toujours ainsi. Il y aurait mille manières de se dire bonjour, comme le pittoresque salut esquimau nez contre nez. Sous l'Antiquité, à Sparte, à Rome, à pied ou à cheval, les hommes se saluaient d'un simple geste de l'avant-bras. Cette politesse s'est répandue et pratiquée à peu près partout en Europe au moyen-âge. Puis, sans qu'on en date précisément l'origine, les gentilshommes ont commencé à se serrer la main.

Pourquoi ?

Parce que la date n'est pas précise, justement.

OK, la bonne blague... Mais pourquoi le serrage de pognes ?

A cette époque rude et sauvage, les chevaliers, les nobliaux, les négociants, les marchands, les bandits de grand chemin, en un mot les hommes les vrais, portaient en permanence sur eux un petit poignard. Ils n'hésitaient pas à le sortir à la moindre alerte. Que survienne une rencontre : un simple salut du bras ne suffisait pas à les renseigner sur les intentions — pacifiques ou belliqueuses — du nouveau venu.

En revanche, en serrant sa paume contre celle du visiteur, on vérifiait ainsi qu'il n'était pas armé.

Certains esprits perfides prétendent que cette technique de cordiales salutations a été perfectionnée par les Anglais, qui secouaient en sus le bras de l'impétrant (pour faire choir son éventuelle dague). Le fameux *shaking hands*, traduit littéralement : « secouons-nous les mains. »

Quoi qu'il en soit, c'est pour les mêmes raisons pratiques que les femmes ne se serrent pas systématiquement la main, mais embrassent au contraire leurs connaissances sur la joue. Traditionnellement, dames et demoiselles n'étaient pas armées. Sinon d'un sourire. Et le code de la chevalerie interdisait toute agression envers le beau sexe. Désarmant.

Jusqu'à preuve du contraire...

POURQUOI LES BÉBÉS FONT-ILS TOUT TOMBER?

Faites l'expérience avec vos petits cousins ou votre propre progéniture : installez les bambins sur la table du salon en compagnie d'une pelote de laine, une disquette d'ordinateur, une tasse à café, etc. A moins que ça se mange, tout ce qui se trouve à portée de leurs petites mains ira systématiquement se fracasser plus bas sur le parquet. Bing !

Les fabricants de colle se réjouissent. Les parents se désolent : pourquoi leurs bébés jettent-ils tout par terre ? Au début c'est agaçant, cela devient ruineux à la fin. Ils ne font pas ça exprès pour nous enquiquiner, quand même, ils sont encore purs et inncocents ?

Non, ils ne font ça ni pour agacer ni pour prouver qu'ils existent, mais pour découvrir le monde. Et plus particulièrement, la pesanteur.

Il existe pour les bébés un phénomène extrêmement difficile à comprendre : il tombent quand on les lâche. Et quand on lâche un objet, il tombe aussi. Pour nous c'est évident. Pas pour eux. Cela leur paraît magique. Les nourrissons n'ont évidemment aucune idée de la gravitation universelle. Ils ne savent pas encore que la terre exerce une force qui attire les corps vers son centre. Ils ne l'ont pas compris, au sens étymologique du terme : *com-prendre*, prendre avec, intégrer.

Alors les bébés réalisent leurs propres tests physiques : ils prennent un objet, le soupèsent, et le jettent. Puis ils l'observent tomber, très très attentivement...

Et ils recommencent; une fois, deux fois, trois fois, autant de fois qu'il le faudra. Ils envoient valdinguer votre Zippo en direction du lustre : le briquet part en ligne droite vers le haut, décrit une courbe, puis retombe. Quelle trajectoire mystérieuse !

Rien n'arrête la soif de connaissance de Junior. Pas même le rince-doigts, pièce unique, ayant appartenu à la favorite du tsar. Même si c'est de la porcelaine de Sèvres.

A plus forte raison : bébé n'aurait jamais deviné sans l'avoir balancé qu'il allait se briser en huit morceaux.

Sans gravité ?

Jusqu'à preuve du contraire...

POURQUOI TROUVE-T-ON DES ŒUFS DANS LES CLOCHES DE PÂQUES ?

Vous appréciez certainement la tradition pascale : cacher des œufs dans le jardin. Et les découvrir. Mais pourquoi attendre Pâques ? Pourquoi des œufs ? Pourquoi pas des petites fleurs, ou des nains en céramique ?

Tout commence par une histoire de cloches.

Au moyen-âge, une fable voulait que les cloches des églises soient condamnées au silence entre le jeudi saint et le samedi saint. Comme elles n'avaient pas le droit de sonner, les cloches partaient en pèlerinage à Rome pour y rencontrer le Pape. Après s'être confessées et s'être fait bénir, les cloches revenaient carillonner au pays — le jour de Pâques. En rapportant avec elles des œufs, les célèbres œufs de Pâques.

Pourquoi des œufs ? Enfant, j'ai longtemps cru que c'était parce que l'œuf était pour les chocolatiers la forme la plus simple à fabriquer.

Hélas, à l'époque à laquelle remonte la belle

légende, l'année 1519 relève de la science-fiction. L'Espagnol Ferdinand Cortes n'a encore pas rapporté du Mexique en 1519 la poudre de cacao. Bref, le chocolat n'existait pas au moyen-âge. Les œufs de Pâques étaient de véritables œufs de poule.

Leur légitimité vient de plus loin encore. Pâques est la fête de l'Eglise chrétienne, en mémoire de la résurrection du Christ. La date de Pâques a été fixée en 325 par le concile de Nicée au premier dimanche après la pleine lune, qui a lieu soit le jour de printemps (21 mars), soit aussitôt après cette date. Fête mobile, Pâques oscille suivant les années entre le 22 mars et le 25 avril.

Ce qui en revanche ne varie pas, c'est que le jour de Pâques marque la fin du Carême, pénitence de quarante jours entamée le mercredi des Cendres.

Or, pendant le Carême, les Catholiques s'interdisent de manger de la viande et des œufs. Seulement voilà. Les poules, elles, ne s'arrêtent pas de pondre pendant cette période de quarantaine. Les œufs s'accumulent. Les premiers, ceux pondus au début du Carême, finissent même par pourrir. Le jour de Pâques, il en reste toutefois un très grand nombre bons à consommer. Comment les écouler ? Une famille n'y suffit plus... Voilà pourquoi les paysans en ont offert à tout le voisinage. Une vraie fête !

La coutume se généralisera dans le courant du XIXe siècle. Pour les enfants des villes, les confiseurs lanceront les œufs en chocolat. Payants cette fois. Une vraie trouvaille.

Jusqu'à preuve du contraire...

POURQUOI L'EMBLÈME DE LA FRANCE EST-IL LE COQ ?

Allons z'enfants de la pa-tri-i-eu… *air connu.*

Faut bien être un peu chauvin de temps en temps. C'est vrai qu'ils nous font battre le cœur, dans les compétitions internationales, les sportifs français avec leur coq sur la poitrine (et parfois dans le ciboulot, mais c'est un autre débat).

Le premier document où le coq représente la France est une médaille de 1665 pour la libération du Quesnoy. On peut y lire cette inscription : « le coq français met en fuite le lion espagnol. »

Sous la Monarchie de juillet et la deuxième République, le coq devient emblème officiel et apparaît sur les drapeaux des régiments. Il figure sur le sceau de la République depuis 1848 : la Liberté assise tient un éventail orné d'un coq.

Drôle d'idée d'avoir élevé le mari de la poule au rang de symbole de la nation : c'est un volatile arrogant, braillard, paniquard. Pas plus haut que le genou d'une vieille, il sait à peine voler.

Nos amis anglais ont leur explication : les Français ont choisi le coq comme porte-drapeau car il est le seul animal qui soit capable de chanter les deux pieds dans la merde…

Erreur. Ce n'est pas une question de comportement, mais de vocabulaire.

En latin, « gallus » signifie à la fois « coq » et « gaulois ». C'est aussi simple que ça. Un jeu de mot latin. Exactement comme si on avait choisi un lion pour symboliser la ville de Lyon. Un casse-croûte pour les Iles Sandwich. Un jeu de fiches pour le canal de Bristol (possession de la Grande-Bretagne).

En réponse aux Rosbifs, le *Grand Inventaire du génie français*[1] rapporte cette opinion de Cocteau : « Qu'est-ce que la France je vous le demande ? Un coq sur un fumier. Otez le fumier, le coq meurt. C'est ce qui arrive lorsqu'on pousse la sottise jusqu'à confondre tas de fumier et tas d'ordures. »

Jusqu'à preuve du contraire…

1- éditions Albin Michel.

POURQUOI LE PAIN RASSIS REDEVIENT-IL “FRAIS” QUAND ON LE CHAUFFE AU FOUR ?

Vous l’avez remarqué au petit déjeuner en essayant de vous tailler une tartine dans la baguette de la veille. Le pain est devenu dur. Vous avez votre idée : il rassit parce qu’il perd son eau. Au bout de 24 heures, il s’est déshydraté.

Vous croyez ? Comment expliquez-vous alors que, quand vous repassez votre pain au four ou au grill, il redevienne frais ? En le chauffant, vous ne lui rajoutez pourtant pas d’eau.

En réalité, il ne s’agit pas d’un dessèchement. Que le pain soit frais ou rassis, son degré d’humidité est pratiquement constant.

Le pain se compose essentiellement de farine et d’eau mélangées (on appelle ça un empois d’amidon). A la cuisson, l’eau et l’amidon de la farine se lient et forment des liaisons chimiques bien solides à l’endroit de la croûte, et un peu plus fragiles à l'endroit de la mie. Résultat sorti du four : un pain bien frais et croustillant. Comme un rocker : dur dehors, mou dedans.

Seulement, avec les heures qui passent, les molécules d'amidon commencent à cristalliser. Ce qui signifie que leur forme évolue jusqu'à une structure plus ou moins géométrique, aux liaisons chimiques très solides. Concrètement, on s'en rend compte : la mie durcit.

Mais ce n'est pas tout : en cristallisant, les molécules d'amidon évacuent les molécules d'eau auxquelles elles étaient liées. Du coup, ces molécules d'eau sont libres, et elles vont se lier cette fois à la cellulose de l'amidon. Nouvelle réaction chimique. Et nouvelles liaisons, assez fragiles, entre l'eau et la cellulose. Résultat : le pain rassit encore davantage.

A ce stade, que se passe-t-il quand on chauffe le pain ?

Cela a pour effet de casser les liaisons eau/cellulose. Autrement dit, la cellulose se libère de l'eau qui est de nouveau libre. Et le pain gagne en souplesse et en croustillant. Il n'est plus aussi frais qu'à sa sortie du four du boulanger, mais il redevient largement comestible.

Vous reprendrez bien une mouillette.

Jusqu'à preuve du contraire…

POURQUOI LA NUIT EST-ELLE NOIRE ?

Pas de quoi se relever si vous êtes déjà au lit. La nuit est noire parce que le soleil s'est couché, me direz-vous.

Oui, mais pourquoi le ciel nocturne est-il si sombre ? Voyez les étoiles : il y en a dans l'Univers une infinité ; pourquoi la lumière qu'elles dispensent ne serait-elle pas infinie elle aussi ? Pourquoi ne tapissent-elles pas uniformément la voûte céleste ?

Ce mystère tracasse les poètes et les scientifiques depuis plus de deux siècles. Depuis ce jour de 1744 où l'astronome suisse Jean-Philippe Loys de Chéseaux calcula que s'il existait une infinité de soleils dans l'univers, le ciel tout entier devrait être 180 000 fois plus brillant que le disque solaire lui-même ! Dans cette fournaise, l'atmosphère de la Terre disparaîtrait en quelques minutes, les océans s'évaporeraient en une journée, et la terre elle-même se vaporiserait en quelques années.

L'énigme perdura jusqu'à ce que l'Allemand Olbers émette en 1823 l'hypothèse d'un gaz interstellaire qui atténuerait et absorberait les rayonnements de l'univers.

Cette explication tiendra jusqu'au siècle suivant.

Dans les années 50, les progrès de la thermodynamique démontrent que si le milieu interstellaire devait absorber le rayonnement des étoiles, il finirait par s'échauffer jusqu'à atteindre lui-même la température de surface des étoiles. En clair : il émettrait autant d'énergie qu'il en absorberait.

Nous voilà revenus au point de départ. Un déluge de clarté en pleine nuit.

C'est un poète, astronome amateur, qui ébauchera la solution de la ténébreuse énigme : l'écrivain Edgar Poe. Dans *Eurêka*, poème visionnaire publié en 1848, le maître du fantastique écrit : « La seule manière de rendre compte des vides que trouvent nos télescopes dans d'innombrables directions est de supposer l'arrière-plan du ciel placé à une distance si prodigieuse qu'aucun rayon n'ait pu parvenir jusqu'à nous. » (On connaît déjà à l'époque la vitesse de la lumière et on a calculé que la lumière solaire met près de huit minutes à nous parvenir.)

L'intuition géniale de Poe laissera la place à bien d'autres hypothèses, comme celle d'Olbers, avant que la théorie du Big Bang ne vienne à sa rescousse. Aujourd'hui, on sait que Tout a commencé il y a 15 milliards d'années par une gigantesque explosion.

L'Univers entier était alors concentré dans un volume comparable à une tête d'épingle. La dilatation puis l'expansion soudaine de cette boule de feu primordiale a plus tard donné naissance aux corps célestes en se refroidissant. L'Univers est toujours aujourd'hui en constante expansion.

L'Univers étant vieux de 15 milliards d'années,

aucune étoile n'est plus ancienne que lui. Avant ce fameux Big Bang, les étoiles n'étaient pas encore formées, elles ne pouvaient pas émettre de lumière. Il nous est donc impossible de voir les astres innombrables qui se trouvent à plus de 15 milliards d'années-lumière de la Terre : leur lumière devrait mettre plus de 15 milliards d'années pour nous parvenir. Elles sont trop jeunes pour cela.

Ainsi, nous recevons uniquement la lumière des plus proches, celles qui se trouvent à l'intérieur d'une sphère de 15 milliards d'années-lumière de rayon : ce qu'on appelle *l'Univers visible*. Or ces étoiles de l'Univers visible ne représentent qu'une infime partie de l'infinité des étoiles présentes dans l'Univers.

Alors que l'Univers visible est une sphère de 15 milliards d'années-lumière, on estime que le rayon global de l'Univers avoisine les 10^{3000} années-lumière. Vous avez bien lu : 10 suivi de 3 000 zéros ! On peut considérer qu'il existe au moins des milliards de milliards de milliards de fois plus d'étoiles dans l'Univers invisible que dans l'Univers visible. Et encore, en comptant large.

Voilà pourquoi les étoiles de notre ciel ne suffisent pas à l'illuminer comme en plein jour. Elles ne sont rien en regard de l'infinité de celles qui peuplent le cosmos.

Pour le bonheur des lucioles. Et des amoureux du tapage nocturne.

Jusqu'à preuve du contraire…

POURQUOI LES YEUX DU CHAT LUISENT-ILS DANS LE NOIR?

Vous l'avez remarqué à Montmartre au détour d'une sombre ruelle, puis à Avoriaz dans un film d'horreur du festival. La nuit, les matous ont les yeux qui brillent. Deux petits points lumineux qui terrorisent le passant, mais qui enchantent le cinéphile. Pourquoi ces inquiétantes lueurs ?

Dans la pénombre, la pupilles du chat s'élargissent pour capter plus de lumière. La fluorescence caractéristique de l'œil est causée par la présence de riboflavine, une molécule — comme par hasard — fluorescente fixée sur les cellules chatoyantes de la couche Settler. [Avouez que ça impressionne, les cellules chatoyantes de la couche Settler !]

Le félin possède à l'arrière de l'œil un dispositif spécial qui intensifie les images. Il s'agit d'une couche de cellules réfléchissantes baptisée *Tapedum Lucidum*, suivant leur nom savant, en latin. En français, on le traduit par « tapis lumineux ». Schématiquement, ce lumineux tapis joue le rôle d'un miroir derrière la rétine qui renvoie encore plus de lumière vers les cellules rétiniennes. C'est *lui* que nous voyons briller dans le noir. Grâce à cet avantage optique, le chat n'a besoin que d'une infime luminosité pour savoir où il met les pieds.

Nos yeux à nous, humains, sont incapables de telles prouesses. En vision crépusculaire, nous confondons les formes et surtout les couleurs. D'où l'expression : « la nuit, tous les chats sont gris ».

Jusqu'à preuve du contraire…

POURQUOI SE SENT-ON SI BIEN APRÈS AVOIR RI ?

Ah, ah, ah !

Oh, oh, oh !!!

C'est indéniable : on se sent furieusement bienheureux après un fou rire. On se croirait complètement vidé. Comme après un gros footing. Mais un footing sans douleur, entre amis, avec la transpiration en moins.

Il semblerait que les Français ne rient pas assez. Ils ne se fendent la pêche que trois minutes par jour, alors que les médecins recommandent sérieusement quinze minutes. Ecoutons pour une fois les descendants d'Hippocrate.

Si le rire nous procure tant de satisfactions, c'est parce qu'il agit sur tout notre corps.

D'abord, en pleine poilade, le cerveau sécrète des substances chimiques excessivement sympathiques : les endorphines. Ce sont, vous le savez, les hormones du plaisir, qui ont des propriétés calmantes et anti-douleur. Les endorphines nous rendent euphoriques.

Mais il se passe aussi plein de bonnes choses au niveau mécanique.

Notre cœur, d'abord, se met à battre bien plus vite et bien plus fort quand on rit : du coup, ça le muscle.

Nos artères commencent par se rétrécir, puis se dilatent : la pression artérielle diminue ; on se sent bien. Ne dit-on pas « se payer une pinte de bon sang » ?

Nos poumons rejettent de l'air en très grande quantité, à plus de 100 km/h, ce qui les purge très efficacement.

Nos abdominaux se contractent violemment. Cela provoque un prodigieux massage de tout le ventre (et en particulier de la vésicule). C'est pourquoi on se tient souvent la panse avec délectation après s'être fendu la pêche.

Enfin, tous nos muscles se relâchent, à tel point qu'on ne tient plus sur ses jambes, qu'on se plie en quatre, et que même parfois nos sphincters nous abandonnent... Bref, ça nous décontracte un bon coup !

Six bonnes raisons, au minimum, de se gondoler. Vous en voulez d'autres ? Les bons vivants vivent plus longtemps — et mieux — que les tireurs de tronche.

Avec son équipe de l'Université de Stanford, en Californie, le chercheur américain William Fry a procédé à des prélèvements sanguins sur les spectateurs d'un film. Dans le sang de ceux qui se marraient le plus, les globules blancs se montraient particulièrement toniques. Conclusion de l'étude : le rire stimule le système immunitaire. Ce n'est pas pour rien que beaucoup d'hôpitaux français et étrangers se bâtissent une vidéothèque de films comiques à l'intention des pensionnaires atteints de longues maladies, comme le cancer, où le mental joue un rôle essentiel dans le processus de guérison.

Selon les chercheurs : « les accidents cardiaques en pleine crise de rire sont rarissimes. »

C'est à mourir de rire.

Jusqu'à preuve du contraire...

POURQUOI LES GOURMANDS AIMENT-ILS TANT LE BEURRE ET LES MATIÈRES GRASSES (ALORS QUE CES PRODUITS ONT PEU DE GOÛT)?

Ne me dites pas que les gourmands nourrissent un désir plus ou moins conscient d'obésité. Un gourmet, estimait Francis Blanche, c'est un glouton qui se domine.

Alors justement : pourquoi les gastronomes assaisonnent-ils la laitue avec un filet d'huile d'arachide, alors que celle-ci n'a pas vraiment de saveur ? Le beurre lui-même paraît terne au palais ; alors pourquoi les croissants au beurre sont-ils meilleurs que les ordinaires ? Et la crème fraîche : seule dans son pot, sa saveur n'a rien de comparable à la jouissance qu'elle procure sur une pêche melba. La Chantilly métamorphose le liégeois.

Elle illumine les fraises au sucre.

D'où viennent ces appétissants mystères ?

Des arômes.

Une fois n'est pas coutume en cuisine, parlons électronique.

Les arômes sont généralement des molécules de constitution équilibrée, qui comportent très peu d'atomes avides d'électrons. Autant dire qu'ils ne recherchent pas les liaisons chimiques. Ils sont peu solubles en milieu aqueux parce qu'ils n'établissent pas de liaison hydrogène avec l'eau (l'alcool éthylique au contraire se mélange très bien dans l'eau — le gin-tonic ! —, car il comporte un atome d'oxygène qui permet cette liaison).

Oublions la technique. Revenons à table. A quoi ressembleraient des épinards cuits à l'eau ? À de quelconques feuilles vertes. Les arômes du légume sont emprisonnés dans des molécules aromatiques. Pour que l'on perçoive toute la saveur et l'essence de la feuille d'épinard, il faudrait que les molécules aromatiques se dissolvent. Or c'est quasiment impossible dans l'eau. Donc impossible dans les épinards seuls, puisque ceux-ci sont presque totalement constitués d'eau (de 90 à 95% suivant la date de la cueillette).

Voilà pourquoi il faut mettre du beurre dans les épinards ! Les molécules aromatiques du légume vont se dissoudre dans les longues chaînes lipidiques du beurre. En effet, les arômes, généralement organiques, sont des molécules qui se dissolvent avec bonheur dans les solvants organiques, et notamment dans les matières grasses. Malgré leur goût terne, les graisses ont le pouvoir de véhiculer les arômes. Elles servent en quelque sorte de porte-drapeau.

De la même façon, lorsqu'on se fait diététiquement griller un steak de bœuf, morceau réputé maigre, on se surprend souvent à rajouter une grosse noix de beurre pour en améliorer la saveur.

Dans la viande aussi, le gras révèle les arômes. C'est par la graisse que le canard a le goût de canard. C'est par la graisse que le mouton a la saveur du mouton. C'est par la graisse que le missionnaire a le goût et la saveur de missionnaire. Ce n'est pas une position ; mais un dicton anthropophage.

Jusqu'à preuve du contraire…

POURQUOI LE SIGLE DU DOLLAR EST-IL $?

Une histoire de gros sous ! Vous le savez, « dollar » peut se symboliser de deux façons différentes : le « S » s'orne au choix d'un trait ($), ou de deux traits ($).

Dans les deux cas, une seule et même question : pourquoi le sigle du dollar est-il un « S » barré ? Un « D » pour « dollar », passe encore ! Mais un « S » ! Et pourquoi l'a-t-on barré ?

Ne croyez pas que la barre soit due à l'erreur d'un employé inattentif. Et le « S » à une erreur de traduction. C'est beaucoup plus simple que cela.

Le dollar est la monnaie des Etats-Unis. Jusque-là, je n'apprends rien à personne — à moins que Mireille Mathieu ait acheté le livre, et qu'elle soit arrivée jusqu'à cette page avancée[1].

En anglais, on dit « The United States ». Les initiales de « United States » ? Vous l'auriez deviné : « US ». Eh bien « US » justement, c'est ce qu'avait imprimé la *Federal Bank* sur les premiers billets américains. Mais c'était calligraphié d'une manière

1. Si tel est le cas, Mireille, permettez-moi de vous féliciter avec chaleur et sincérité.

très particulière : le « U » chevauchait le « S ». Or, si on dessine un « U » très allongé par dessus le « S », cela revient presque à barrer le « S » de deux traits.

Vous ne visualisez pas ? Prenez une gomme et un crayon, et griffonnez dans la marge…

Voilà donc pour l'explication des deux stries verticales. Mais la rayure unique ? Toujours aussi simple.

Avec le temps, on a dessiné les barres du « U » de plus en plus serrées, jusqu'à ce qu'elles se superposent pour n'en plus former qu'une seule.

$…

Il n'y a pas de petites économies.

Jusqu'à preuve du contraire…

POURQUOI AU CAFÉ, LES DEMIS NE FONT-ILS QU'UN QUART DE LITRE?

Vous avez déjà entendu ces débats de poivrots à l'autre bout du zinc : « Ah mais René — René c'est le patron —, tes "demis", y font pas du tout un demi-litre ! Y font 1/4 de litre ! T'es pas logique, René !..

— Moi je sais, moi : c'est qu'c'est les bistros qui veulent nous arnaquer ! »

Messieurs, buvez de l'eau et calmez vous.

Le « demi » nous vient de l'autre côté de la Manche. Il ne signifie pas un demi-litre, mais une demi-pinte.

La pinte est une ancienne unité de mesure de capacité des liquides, notamment utilisée pour la bière. Avant l'avènement du système métrique, les unités variaient suivant les pays, suivant les régions, et même parfois suivant les quartiers de Paris.

Au XIXe siècle, la pinte valait en France 0,93 litre [soit 48 pouces-cube pour simplifier]. De nos jours, elle est toujours utilisée en Grande-Bretagne, où elle vaut 0,57 litre.

Je ne vous apprendrai pas ici l'amour et l'attention que les sujets de sa Gracieuse Majesté portent à la bière. Vers la fin du siècle dernier, la demi-pinte anglaise a supplanté chez nous le bock comme unité de mesure dans les cafés et les brasseries. Or, si l'on divise 0,57 litre par 2, on obtient 0,285, soit un peu plus d'un quart de litre. (Il semble que la contenance du bock était, elle, légèrement inférieure à 0,25 litre, ce qui pourrait expliquer la préférence des buveurs d'alors.)

La prochaine fois que vous demanderez un « demi », si l'on vous sert seulement 1/4 de litre, n'injuriez pas le garçon. Il penserait que vous êtes justement pinté(e).

Rappelez-vous plutôt Belmondo, assoiffé par Godard dans *Pierrot le fou*: « Je vais prendre deux demis. Comme ça, si j'en bois la moitié, il m'en restera encore un entier. »

Jusqu'à preuve du contraire...

POURQUOI LE LYNX A-T-IL UNE EXCELLENTE VUE?

Vous connaissez l'expression : on dit des gens qui ont une bonne vue qu'ils ont « un œil de lynx ».

Pour quelle raison zoologique? Aucune.

Le lynx ne présente pas des qualités visuelles exceptionnelles. Il a à peu près la même acuité que le chat (remarquable, mais bien inférieure à celle de l'aigle par exemple). Autant cracher le morceau : l'expression « œil de lynx » n'a aucun rapport avec les performances de l'animal.

Tout part de la mythologie grecque, et plus précisément de l'expédition des Argonautes. Ces héros qui s'embarquèrent sur le navire Argo pour aller conquérir la Toison d'Or, en Colchide. L'un des Argonautes s'appelait Lyncée. D'après la légende, Lyncée, fils d'Alpharée, aurait été tué par Pollux. Vrai? Faux? Allez savoir…

Ce qui nous intéresse, c'est que Lyncée était le pilote du navire Argo, et qu'il était célèbre pour sa vue prodigieuse. Elle lui permettait de voir ce qui se passait dans le ciel et en enfer, au travers des nuages et même des murs les plus épais!

Edifiés par tant de prodiges, les auditeurs et les lecteurs ont oublié l'orthographe au profit de la mythologie. Lyncée/lynx, les deux mots se ressemblent; y compris en grec (*lunx/lunkeos*). Dans l'imagerie populaire, « l'œil de Lyncée » est devenu un « œil de lynx ». Aucune corrélation toutefois avec le « lynchage ». John Lynch, né en 1736 en Virginie, participa activement au combat anti-Anglais avant la naissance officielle des Etats-Unis. Il institua un tribunal qui exécutait tout individu pris en flagrant délit, sans même le juger.

Une attitude à condamner.

Jusqu'à preuve du contraire...

POURQUOI EST-CE QU'ON A FROID AUX EXTRÉMITÉS ?

Les alpinistes connaissent le problème. Ce sont toujours les doigts, les orteils et le bout du nez qui gèlent en premier par grand froid. Malgré les gants, le cache-nez et les Moon-Boots. Pourquoi ?

Vous savez que le système sanguin sert en quelque sorte de chauffage central à l'organisme. C'est le sang qui véhicule la chaleur depuis le cœur jusqu'à toutes les parties du corps. Ne croyez pas que les extrémités soient délaissées par ce réseau. Les mains et les pieds sont constellés de veines ; il n'y a qu'à voir tout le sang qui gicle lorsqu'on se coupe à ces endroits-là.

Alors, pourquoi cela ne nous permet-il pas d'avoir bon chaud aux mimines par -15° ?

A cause de ce que les spécialistes appellent la « vaso-constriction périphérique ». En clair, lorsque le froid fait rage, une sorte de procédure de sécurité se met automatiquement en place. Certains vaisseaux rétrécissent, notamment en périphérie, pour faire en sorte que le sang se concentre sur les organes vitaux, le cœur évidemment, mais aussi les poumons, le système digestif et le cerveau ; et ainsi économiser la chaleur et énergie. Maurice Herzog vous le dirait : mieux vaut perdre une main que connaissance.

Par-dessus le marché, les graisses qui nous protègent également du froid se trouvent en très petite quantité au niveau des doigts et des orteils, et même au bout du nez et des oreilles.

Certes, il y a bien d'autres extrémités où le froid se fait sentir, mais ce n'est ni le lieu, ni l'heure, pour en parler.

Jusqu'à preuve du contraire…

POURQUOI L'ANNÉE COMMENCE-T-ELLE LE 1ER JANVIER ?

Vous le savez, le jour de l'an tombe chaque année le 1er janvier. Année après année. Le 1er, d'accord. Il faut bien commencer par le commencement. Mais pourquoi janvier ? Pourquoi pas le 1er décembre, ou le 1er juillet ?

Rien que depuis le début de l'ère chrétienne, le premier jour de l'année a changé neuf fois de date. Alors simplifions.

On l'a vu quelques pages plus haut[1]: en 1564, c'est le roi Charles IX qui a décidé d'appliquer le calendrier grégorien — du pape Grégoire XIII —, pour qui l'année commençait le 1er janvier. Lui même était issu du calendrier julien, qui doit son nom à Jules César en personne, et que l'on retrouve dans *juillet*.

Les Romains ont longtemps démarré l'année le 1er mars, en honneur au Dieu de la guerre. Ainsi l'avait paraît-il décidé Pompilius, deuxième roi de Rome après Romulus. C'est pour cette raison

1. Voir « Pourquoi fait-on des farces le 1er avril ? »

qu'octobre s'appelle octobre : il vient en huitième position après mars (préfixe *octo-*). Idem pour décembre (préfixe *déca-*) : le dixième mois après mars.

On en est encore là sous le règne de Jules César, sept siècles plus tard. Le seul problème, c'est qu'en raison du décalage entre la nature et le calendrier officiel, les mois de printemps ont fini par tomber en plein hiver.

L'Empereur veut y mettre de l'ordre. En 708 de Rome, soit quarante-six ans avant Jésus-Christ, deux ans avant sa fin tragique, César fixe janvier comme premier mois de l'année. Objectif avoué : suivre au plus près le cours du soleil. Il décréte que l'année en cours comportera quatre cent cinquante-cinq jours et les suivantes trois cent soixante-cinq, avec tous les quatre ans, pour rattraper le décalage solaire, un doublement du sixième jour précédant les ides de mars. D'où le mot *bissextile.*

Mais l'habile César poursuivait également des motifs politiques.

Car avant sa réforme, la date du nouvel an était établie par les dignitaires religieux (les pontifes). Quand ces messieurs voulaient éliminer un de leurs ennemis, élu pour un an, ils avançaient la date de l'année nouvelle pour que le gêneur abandonne plus rapidement son poste.

Barbarie ? Certes. Ce n'est pas dans nos démocraties modernes qu'un ministre de l'Intérieur choisirait une date de scrutin qui lui convient ou redécouperait les circonscriptions électorales.

Jusqu'à preuve du contraire…

POURQUOI LES FORMULE 1 ONT-ELLES LES ROUES QUI SORTENT?

Vous savez à quoi ressemble une F1. Quelque chose entre l'automobile, la fusée, et le suppositoire, avec un pilote minuscule dans le cockpit, un moteur qui prend toute la place à l'arrière, et d'énormes roues qui sortent. Impressionnants, ces gros pneus noirs, on ne voit qu'eux : deux devant, deux derrière, et deux de chaque côté. Ça fait sport, comme on dit. On sent la bête prête à bondir, monstre de vitesse et de technologie.

Oui, mais pourquoi les roues ne sont-elles pas cachées sous la carrosserie, comme sur la 2CV ou la 404 ? Pour aller plus vite ?

Au contraire. Pour aller moins vite. Sur le plan aérodynamique, ces gros boudins caoutchouteux sont de véritables aberrations. Ils créent des turbulences qui ralentissent le bolide. Mais c'est justement pour cette raison que la FIA, la Fédération Internationale de l'Automobile, interdit aux écuries de caréner les roues. Pour démarquer la Formule1 des autres catégories de sports mécaniques (rallye, prototypes, etc.) et surtout pour limiter la vitesse, donc le risque et la gravité des accidents. Exactement comme les moteurs turbo, bannis à cause de leur phénoménale puissance.

Le règlement[1] stipule que les roues avant ne doivent pas dépasser 29 cm de large pour un diamètre de 64 cm. Les roues arrière sont légèrement plus volumineuses : 38 x 66 cm. Pour une largeur maximum de la monoplace de deux mètres, la largeur de la carrosserie ne doit pas excéder 1,40 m.

Si vous vous trouvez à un feu rouge, et que la 4L qui est à côté de vous a les roues qui sortent, une bonne nouvelle : vous allez certainement la gratter au démarrage.

Jusqu'à preuve du contraire…

1. Attention ! Le réglement change tous les ans. Justement.

POURQUOI A-T-ON DES FOURMIS DANS LES PIEDS?

Rien n'est plus désagréable que de sentir qu'on a des fourmis sur les pieds. Vous le savez : vous avez déjà marché dans une fourmilière. Rien de plus désagréable que les fourmis sur les pieds, disions-nous. Sauf, peut-être les fourmis *dans* les pieds.

Pourquoi ces fourmillements ? Vous avez appris à vos dépends qu'ils surviennent après être resté longtemps assis. Ou couché. Ou dans la posture de l'âne qui brait, chère au Kâma Sûtra. On a pris pour ainsi dire une mauvaise position. Sans le vouloir évidemment, on a comprimé des veines et des vaisseaux capillaires. Du coup, aux endroits incriminés, la circulation du sang s'est ralentie.

Douloureux ? Pas du tout ! La preuve, on peut très bien s'endormir et roupiller avec. C'est le réveil qui sera brutal...

Quand on se lève, qu'on bouge, ou qu'on change de position tout simplement, les picotements — les fourmis — apparaissent, jusqu'à parfois devenir carrément insupportables. Que s'est-il passé ? Avant qu'on libère les veines, le sang exerçait une pression très forte sur les parois. Puis d'un coup, la surpression a cessé. Le sang s'engouffre dans la veine sans retenue ; la pression qu'il exerce alors est beaucoup plus faible. Et c'est ce déséquilibre, l'enchaînement compression-dépression, qui nous incommode. L'impression de fourmillement persistera jusqu'à ce que la circulation soit rétablie harmonieusement partout.

Jusqu'à preuve du contraire...

POURQUOI ASSOCIE-T-ON LES CHRYSANTHÈMES AUX MORTS ?

Vous connaissez la réputation du chrysanthème. Il ne vous viendrait pas à l'idée d'en offrir une brassée à votre voisine pour son anniversaire, à moins que vous l'exécriez avec abomination, tant cette fleur est associée à l'idée de la mort.

Tous les ans le 1er novembre, l'Eglise catholique célèbre la Toussaint, la fête de tous les saints, suivie le lendemain par le jour des Défunts. Les familles se rendent alors dans les cimetières pour se recueillir sur les tombes et les fleurir. Sur les 34 millions de pots déposés chaque année sur les sépultures de France, 21 millions sont plantés de chrysanthèmes.

Bigre... Que signifie le chrysanthème dans le langage des fleurs ?

L'amour ! Comme l'azalée exprime l'amour timide, l'œillet l'amour sincère, la rose l'amour et la beauté. Au contraire, c'est la viorne qui incarne le refroidissement, l'hortensia la froideur ou encore l'hélénie les pleurs.

Alors quel rapport entretient le chrysanthème avec le trépas ? Son nom peut-être ?..

Originaire de Chine, cette plante ornementale à pétales rayonnants fut cultivée au Japon à partir du VIIe siècle, puis importée en Europe en 1789 par Pierre-Louis Blancard, capitaine de navire. On l'appela d'abord « camomille chinoise », puis « camomille à grandes fleurs » avant que Linné ne lui donne savamment du *chrysanthemum indicum*, du grec *khrusanthemon*, littéralement « fleur d'or », car les premiers spécimens étaient jaunes.

La tradition du chrysanthème au cimetière remonte à plus d'un siècle. Autrefois, nos arrière-grands-parents auraient été incapables en plein mois de janvier d'envoyer trois douzaines de roses à l'élue de leurs pensées. Avant l'arrivée des serres électriques, des engrais chimiques et des vols long-courrier, on ne trouvait pas n'importe quelle fleur à n'importe quel moment de l'année.

Or, le chrysanthème fleurissait — et fleurit

toujours — de façon naturelle en octobre et en novembre. On le surnomme pour cela « la marguerite de l'automne ». Il est rustique, demande peu d'entretien et ne craint ni la pluie, ni les premières gelées d'hiver. Si la Toussaint tombait en juin, peut-être ornerions-nous les tombes de glaïeuls ou de chèvrefeuille. Au Japon, le chrysanthème est désormais le symbole solaire de la maison impériale. Il incarne en Extrême-Orient la plénitude et l'immortalité.

« Si tu veux être heureux cinq minutes, bois et enivre-toi.

Si tu veux être heureux une heure, tue un cochon et mange-le.

Si tu veux être heureux trois mois, marie-toi.

Si tu veux être heureux toute la vie, cultive des chrysanthèmes. »

Ainsi dit le proverbe chinois.

Jusqu'à preuve du contraire...

POURQUOI LES GENS QUI ONT MAUVAISE HALEINE NE S'EN RENDENT-ILS PAS COMPTE ?

Vous l'avez senti : il n'y a rien de plus suffocant que de côtoyer quelqu'un qui refoule du goulot. Ou plutôt, si. Il y a pire, c'est de le lui annoncer : « Dis donc, toi, tu devrais prendre un chewing-gum à la menthe... »

Inversement, vous en avez peut-être déjà fait l'expérience à vos dépends ; un ami est venu vers vous et vous a discrètement conseillé une marque de dentifrice. Vos molaires exhalaient la vieille chaussette !

Comment se fait-il qu'on ne réalise pas de soi-même ce tracas pestilentiel ?

Pour deux raisons. D'abord, il nous est très difficile de percevoir nos propres remugles. Le nerf olfactif (celui du nez) se fatigue très rapidement dans les zones à odeurs. Pour éviter la surcharge d'informations, le système nerveux décide souvent de ne plus prendre en compte telle ou telle odeur qui persiste. En l'occurrence : nos effluves corporelles, de l'after-shave aux pires miasmes.

Ensuite, pour flairer une odeur, il nous faut évidemment inspirer. Autrement dit : aspirer de l'air par le nez. Or, pour percevoir l'odeur de notre haleine, il faut bien que nous soufflions de l'air, donc que nous expirions. Et ces deux mouvements ne peuvent pas s'exécuter en même temps, mais alternativement, au gré des pulsations des poumons.

Cela transpire la logique.

Jusqu'à preuve du contraire…

POURQUOI LES OPÉRAS DÉBUTENT-ILS PAR UNE OUVERTURE ?

Respirez, écoutez, dégustez. Un opéra sans ouverture serait comme un casse-croûte sans apéro. La plus célèbre est celle de *La Flûte enchantée* de Mozart. Les mélomanes prétendent qu'à elle seule, en quelques mesures, elle vaut toute la partition. Ce qui semble pour le moins étrange, vu que pas un chanteur ne s'est encore manifesté.

Justement : pourquoi les opéras n'entrent-ils pas dans le vif du sujet en attaquant par la partie chantée ? Pour que les ténors s'échauffent la voix, pour que la diva s'imprègne de la musique ?

Que nenni ! Ce n'est pas pour les chanteurs que les opéras commençent par une ouverture. C'est pour le public.

Les premiers opéras sont nés à Florence à la fin du XVIe siècle. Le tout premier serait *Daphné*, de Jacopo Peri, en 1594. On en a de toute façon perdu le livret complet. A l'époque, la grande musique ne se jouait que dans les palais des rois et des princes. Les concerts étaient donnés après le dîner pour divertir la cour qui, le plus souvent, ne se souciait guère de la musique en elle-même.

Mais peu à peu, le genre va gagner en popularité — aux deux sens du terme. L'opéra se « démocratise » en direction de la bourgeoisie éclairée. Le premier théâtre d'opéra ouvre à Venise en 1637.

Paris est gagné par la fièvre. Le premier opéra italien joué en France sera l'*Orfeo* de Rossi en 1647. Cette forme de spectacle éclipse les autres. On se rend à l'opéra en couple, en famille, entre amis. Pour voir et se faire voir. Pour entendre et se faire entendre. Comme aux courses ou au café. Pour nouer de nouvelles relations, professionnelles ou galantes.

Du foyer aux loges, la belle société de la ville se pavane et s'observe, mais ne veut tout de même pas rater les morceaux de bravoure de l'œuvre. Le temps que chacun s'installe à sa place et fasse silence, cela prend plusieurs minutes. De leur côté, les artistes ont fini par refuser de chanter dans le bruit. Alors les compositeurs ont inventé l'ouverture. Uniquement instrumentale, elle annonce en douceur le début du concert. Un peu comme les trois coups au théâtre, mais en moins ternaire.

La première ouverture — au sens lyrique du terme — est apparue vers 1690. On ne sait plus chez qui. Mais on sait pourquoi.

Jusqu'à preuve du contraire…

POURQUOI DANS LES TÉLÉGRAMMES, MET-ON DES “STOP” À LA PLACE DES POINTS?

C'est un militaire qui passe un télégramme à sa fiancée à des milliers de kilomètres de la caserne : JE T'AIME STOP JE T'AIME STOP JE T'AIME STOP. L'opérateur radio lit le message, compte les mots, puis l'informe : « Comme vous avez droit à dix mots gratuits, vous pouvez encore en rajouter un. » Le soldat rajoute : TERMINÉ.

Pourquoi les préposés aux télégrammes s'enquiquinent-ils à remplacer les points par des « STOP » ? C'est si simple à écrire, un point : un tout petit coup de crayon, même pas un mot…

Justement, c'est trop simple.

Un télégramme, c'est un message, bien sûr. Mais c'est avant tout un signal électrique ou électromagnétique qui véhicule deux noms, deux adresses (celle de l'expéditeur et celle du destinataire), une date et une heure d'envoi, un type de paiement, etc. Bref, le message à proprement parler ne constitue qu'une partie des informations transmises à distance.

Le télégraphe a été inventé en 1837, le télégramme le suit en 1859 et attendra jusqu'en 1895 la télégraphie sans fil, la TSF. Leur succès fut immédiat, notamment aux Etats-Unis, d'où nous vient l'usage du « STOP ».

Car il est rapidement devenu impératif pour les compagnies de télégrammes de savoir quand commençaient les messages proprement dit, et quand ils finissaient ; les télégrammes se succédant sans relâche sur le fil ou sur les ondes. Un point marquait alors chaque début de message. Et un autre marquait la fin. Conséquence : on ne pouvait plus mettre le *signe* point à l'intérieur du message : cela générait trop d'erreurs (l'employé déchiffre un point, croit le message terminé, alors qu'il reste deux phrases...).

Les télégraphistes ont trouvé la parade dans les années 20 : remplacer le signe par le mot. En clair remplacer « . » par « point » (qui se traduit en anglais par *period*). Finalement, ils ont préféré « STOP » à « PERIOD ». Pour une raison extrêmement simple : il contient deux lettres de moins ; rapidité oblige.

La même confusion régnait parmi les nombres à virgule, car les Américains les écrivent, eux, avec un point. Si ! On ne pouvait donc plus les utiliser sans fausser les calculs. Du coup, on mettait le mot

« dot » (qui se traduit également par « point ») à la place du point — le signe.

Par exemple, le nombre π : 3.14 (en français 3,14) se transcrivait « 3DOT14 ».

Vous allez me dire : pourquoi ne pas avoir carrément remplacé « STOP » par « DOT » qui comporte une lettre de moins ?

Vous en demandez trop.

.

Jusqu'à preuve du contraire…

POURQUOI LA PIERRE PONCE FLOTTE-T-ELLE ?

Vous l'avez observé dans votre bain pendant la longue toilette de printemps. La savonnette se laisse couler au fond de la baignoire. La pierre ponce flotte fièrement en surface.

Depuis Archimède, vous savez pourquoi : parce que la densité de la pierre ponce est inférieure à celle de l'eau. Là encore, vous en connaissez l'explication. Parce qu'elle est pleine de vide. Ou plutôt constellée de bulles d'air — on les distingue facilement.

Oui, mais pourquoi ces bulles d'air dans un caillou ? Quel fabricant a été assez fou pour se lancer dans une telle opération ? Notre Terre elle-même.

Car la pierre ponce n'est rien d'autre que de la lave (séchée, bien sûr). Lors d'une éruption volcanique, de la lave, autrement dit de la roche fondue, est projetée très fort et très haut depuis les entrailles de la Terre. Au cœur de cette lave en fusion se trouve de l'air chaud. Très chaud. Et que fait l'air quand il est chauffé ? Il monte.

Résumons-nous. De la lave brûlante, donc liquide, pleine de bulles d'air, est projetée vers la surface. A l'intérieur même du courant de lave, les bulles d'air montent de plus en plus haut. Seulement, quand le flux s'échappe du sous-sol et se trouve au contact de l'air libre, la lave refroidit aussitôt. Elle devient très rapidement visqueuse. Tout ce magma retombe et revient à température ambiante. Les bulles d'air restent à jamais emprisonnées. Comme dans une brioche. La voilà, la pierre ponce !

Et le fan du commandant Cousteau qui croyait que toutes les pierres et tous les cailloux étaient d'origine volcanique ?

Erreur moussaillon ! (Il aura confondu Cousteau avec Haroun Tazieff.)

Il existe sur Terre trois sortes de roches. D'abord les roches sédimentaires, comme les silex ou le calcaire. Elles se sont formées à la surface à partir des sédiments. Puis il y a les roches métamorphiques, qui elles, résultent de la transformation de roches préexistantes. Enfin viennent les roches éruptives comme notre pierre ponce. Ce sont en proportion les moins nombreuses.

Heureusement ! Si toutes les pierres étaient d'origine volcanique, les plages de galets bretonnes flotteraient sur l'océan comme des jetons de bois.

Jusqu'à preuve du contraire…

POURQUOI LES SANTIAGS ONT-ELLES LE TALON EN BISEAU ET LE BOUT QUI REMONTE ?

Vous avez déjà vu des santiags avancer dans la rue. Souvent par deux. A moins de fréquenter le

Rodéo d'Albuquerque (Nouveau-Mexique), on en croise souvent à Deauville, à Saint-Tropez ou dans le quartier parisien des Halles, accompagnées d'un jean serré, d'un bandana, d'un téléphone portable, et d'un 4x4 garé pas loin.

Vérifiez-le sinon dans un western. En cuir, en lézard ou en tortue, les santiags ont vraiment une forme particulière, qui confère d'ailleurs au promeneur une démarche qui ne l'est pas moins. Le talon est entièrement ramené sous le pied, et l'avant de la botte, généralement très pointu, vise le ciel. Quelle forme étrange ! Cela ne doit pas être commode pour marcher (par-dessus le marché)...

Justement, ça n'est pas fait pour marcher.

Les authentiques santiags auraient été créées dans les années 1910 par Tony Lama, cordonnier à El Paso (Texas). Cet artisan génial s'était fait une observation pleine de bon sens : les bottes de cow-boys n'ont aucune raison de ressembler à des bottes ordinaires, puisque justement, le cow-boy ne ressemble pas aux gens ordinaires.

Et pour cause, il passe une partie de sa vie à cheval.

C'est-à-dire que son centre de gravité n'est pas le même que pour ceux qui se tiennent bêtement debout, nous, bipèdes communs. Debout, les pieds bien posés sur leur plat, les orteils sont au même niveau que le talon. Or les cavaliers ont comme ils disent « le talon sous le pied ».

En inclinant le talon de ses bottes de 45°, le cordonnier d'El Paso a placé le pied dans la position idoine pour monter à cheval. Ses santiags rendent la posture beaucoup plus confortable. (En Harley, on s'en rend moins compte.)

La deuxième activité du cow-boy consiste à poursuivre les vaches et les taurillons, en les travaillant au lasso. Une fois qu'il les a rattrapés, il enroule son lasso au pommeau de la selle et descend de cheval pour immobiliser les fuyards. Il doit alors se stabiliser du mieux qu'il peut. S'il portait des bottes ordinaires, il partirait en avant. Avec les santiags au contraire, les talons servent de freins en se fichant dans le sol poussiéreux et inondé de soleil.

J'apprends d'un lecteur que les éperons sont à molettes mobiles (à roulettes exactement). De cette façon, si jamais les molettes s'accrochent quelque part, le cow-boy ne risque pas de tomber.

Enfin, la troisième activité du cow-boy consiste à dormir à l'hôtel du saloon, une bouteille de bourbon sous le bras, avec dans l'autre le corps alangui de Suzy, la Go-Go girl, qui ne rêve que d'attendrir le cœur du solitaire loin de son foyer. Mais à cet instant, il a enlevé ses bottes.

Jusqu'à preuve du contraire...

POURQUOI Y A-T-IL AUTANT DE GAUCHERS PARMI LES TENNISMEN DE HAUT NIVEAU?

Même sans être spécialiste de la petite balle jaune (il n'y a que les spécialistes pour parler de la petite balle jaune), le grand public n'a aucun mal à citer des gauchers de la raquette : Connors, Leconte, McEnroe, Forget, Vilas, Nastase, Muster, Korda,

Ivanisevic ; et chez les femmes Martina Navratilova ou Monica Seles.

Les statistiques sont édifiantes : parmi les trente premiers joueurs mondiaux classés à l'A.T.P., on dénombre un pourcentage de gauchers deux fois plus élevé que la normale (habituellement 10% de la population). De 1974 à 1984, les Internationaux de tennis des Etats-Unis n'ont été remportés que par des gauchers !

Il en va de même dans beaucoup d'autres sports d'adresse. Les gauchers forment la moitié ou presque des champions d'escrime. En football, Pelé et Maradona frappaient du gauche.

On a d'abord évoqué la loi des grands nombres. Comme il y a dans la population davantage de droitiers que de gauchers, les gauchers sont habitués à jouer contre des droitiers, alors que les droitiers ne sont pas habitués à jouer contre des gauchers. Ce qui avantagerait les gauchers.

Peut-être ; mais si l'on pousse le raisonnement, à force d'être battus les droitiers deviendraient à leur tour minoritaires, et par là même, avantagés...

En fait, tout se passe dans la tête. Vous savez que le cerveau est divisé en deux parties. Certaines facultés sont commandées en priorité par l'hémisphère droit, et d'autres par l'hémisphère gauche.

Concrètement, les fonctions linguistiques et intellectuelles sont surtout l'apanage de l'hémisphère gauche. A l'inverse, la perception dans l'espace et l'appréhension des formes — capacités indispensables à la pratique sportive — sont davantage régies par l'hémisphère droit.

Indépendamment de cela, il se trouve que les réseaux nerveux des commandes motrices sont inversés. Au niveau musculaire, l'hémisphère droit contrôle le côté gauche du corps, et l'hémisphère gauche contrôle le côté droit.

Revenons sur le court. Que se passe-t-il quand un joueur de tennis voit débouler la balle de son adversaire ? L'analyse de la scène — trajectoire, vitesse, emplacement de la balle — est assurée par l'hémisphère droit.

Là se présentent deux cas de figure. S'il est droitier, le cerveau du joueur transmet l'information au centre de contrôle de la main droite, c'est-à-dire à l'hémisphère gauche. L'information doit donc passer de la partie droite du cerveau à la partie gauche.

En revanche, s'il est gaucher, c'est l'hémisphère droit qui commande la partie gauche du corps, et notamment sa main gauche qui tient la raquette. C'est donc le même hémisphère cérébral qui traite l'information et transmet la décision.

D'où une meilleure efficacité. Les gauchers sont physiquement plus prompts à réagir que les droitiers. D'un rien. Mais cela suffit souvent à faire la différence.

Cette disparité cérébrale laisse planer d'autres mystères. De 10% — on l'a vu — au sein de la population, la proportion de gauchers passe à 15% chez les musiciens. Elle tombe énigmatiquement chez les scientifiques à 4%.

Cela vous donne des envies de meurtre ? Vous n'êtes pas seul : Jack l'Eventreur était gaucher.

Jusqu'à preuve du contraire...

POURQUOI LIT-ON L'AVENIR DANS LES LIGNES DE LA MAIN ?

Une vieille gitane parcheminée vous a déjà pris la main dans la rue en vous proposant de vous prédire l'avenir. Vous a-t-elle annoncé pourquoi ?

Cet art divinatoire existait bien avant le christianisme. Il semble que la chiromancie ait été introduite dans le bassin méditerranéen par des voyageurs venus d'Asie. La divination remonte aux Romains et aux Grecs. Sous Jules César, on interprétait comme présages divins le vol des oiseaux ou l'appétit des poulets. La Sibylle prophétisait tout et son contraire. Les Mésopotamiens lui préféraient l'hépatoscopie, l'études des foies. La Pythie de Delphes, en transes, annonça au riche roi Crésus la fin d'un empire. Malheureusement ce fut le sien.

Ces méthodes divinatoires tombèrent en désuétude. Seule survécut la chiromancie ; du grec *kheir-*, main, et *mantia*, art de lire l'avenir. Le mot existe déjà en latin médiéval. L'un des plus complets ouvrages sur le sujet remonte à 1640, signé du sieur Jean Belot : *Abrégé de toute la chiromancie.*

Depuis, les diseuses de bonne aventure parcourent l'Europe et les songes des jeunes filles à marier. Encore aujourd'hui, on en compte une bonne centaine rien que sur la place de Paris. Les chiromanciennes ont même leur rubrique dans les pages jaunes de l'annuaire.

Pourquoi lisent-elles l'avenir dans votre paluche, et pas dans la bave de crapaud ou les souches d'arbre ? Pourquoi les lignes de la main plutôt que les courbes de l'oreille, ou le dessin des ongles du pied ?

Parce que ça marche ! Comme n'importe quel commerçant, la prétendue pythonisse est tenue d'obtenir des résultats pour que sa clientèle revienne. Or, les chiromanciennes ne lisent pas l'avenir, mais le passé. C'est beaucoup moins risqué. Et ça en dit aussi long.

Avant l'invention de l'ordinateur et du robot, pendant des millénaires, la vie de l'homme s'est inscrite à l'intérieur de ses mains puisqu'il travaillait avec. La paume du vigneron n'est pas celle du soldat. Le boucher ne peut se confondre avec le boulanger. La pogne du charpentier endure plus d'échardes encore que celle du bûcheron.

En contemplant les doigts meurtris de la blanchisseuse, il n'est pas surnaturel d'en déduire qu'elle trime comme quatre. Sa figure renseigne sur son âge. Elle a vingt ans. On lui en donne trente. On imagine sans peine ce qu'elle cherche. La psychologie fait le reste. C'est ce qu'on appelle l'expérience. La pauvresse repartira avec la certitude que ce que lui a annoncé l'oracle va se réaliser : elle vient d'entendre tant de choses exactes sur son passé et son présent !

Selon une estimation récente, les Français dépenseraient trois fois plus chez les voyants que chez les médecins. Toutes disciplines confondues, le marché du paranormal, en forte hausse, est estimé à plus de 20 milliards de francs.

Personne ne l'avait prévu.

Jusqu'à preuve du contraire…

POURQUOI LE SOLEIL EST-IL ROUGE QUAND IL SE COUCHE ?

Y a-t-il rien au monde de plus romantique qu'un coucher de soleil ? Les amoureux le savent bien. C'est pourquoi ils achètent partout où ils passent des cartes postales de couchers de soleil : rouges, jaunes, orangés.

Pour quelle raison ? Parce que c'est décoratif et qu'il n'y a pas besoin d'enveloppe.

Mais pourquoi ces couleurs ?

La lumière du soleil est blanche par définition. C'est-à-dire que son spectre contient toutes les nuances de l'arc-en-ciel. Toutes les couleurs, donc toutes les longueurs d'onde.

Avant que la lumière solaire débarque chez nous, elle doit d'abord traverser les diverses couches de l'atmosphère qui jouent le rôle de filtre. Selon leur composition, leur teneur en vapeur d'eau ou en poussières, elles bloquent certains rayonnements en particulier, donc certaines couleurs.

A midi quand il fait beau, les molécules d'air diffusent toutes ces ondes lumineuses. Toutes, et surtout les plus courtes, celles qui correspondent à la couleur bleue. Voilà pourquoi le ciel — et non pas le soleil — est parfois parfaitement bleu, plutôt que blanc, ou gris sale.

L'heure tourne. Le soleil descend sur l'horizon. En fin de journée, ses rayons nous parviennent à l'oblique. Sa lumière traverse alors une plus grande épaisseur d'atmosphère que lorsqu'il se trouvait juste au dessus de nos têtes. Conséquence : une partie du flux lumineux est absorbée par l'atmosphère, notamment les radiations bleues, puis violettes. Ces teintes sont soustraites à la lumière initialement blanche de l'Astre. Ce qui a pour effet de le faire paraître d'abord jaune, puis orangé, et enfin rouge : les couleurs qui correspondent aux ondes lumineuses les plus longues, les seules qui nous parviennent à cette heure.

A l'aube, c'est la même chose, mais en ordre inverse. Le soleil levant est de couleur rouge, puis orange, puis il jaunit et resplendit dans la blancheur; pour les mêmes raisons. Les amoureux s'en moquent. A cette heure-là, ils dorment encore.

Jusqu'à preuve du contraire...

POURQUOI LES ENFANTS DEMANDENT-ILS TOUJOURS "POURQUOI"?

Trois ans ! L'âge terrible des « Pourquoi ». Pourquoi on mange ? Pourquoi on parle ? Pourquoi il y a des voitures ? Les parents s'émerveillent...

Quatre ans ! L'affaire se corse. Pourquoi les grandes personnes ne se font-elles pas gronder quand elles ont fait une bêtise ? Pourquoi les rivières coulent-elles toujours dans le même sens ? Pourquoi aujourd'hui n'est pas hier ? Les parents s'épuisent à répondre...

Cinq ans ! Les « Pourquoi » gênants : Pourquoi le douanier, il a un gros nez ? Pourquoi ma cousine elle a pas de quéquette ? Pourquoi la voisine embrasse des monsieurs qui sont pas son mari ? Les parents se cachent sous la table...

Pourquoi toujours cette même lancinante interrogation ?

Si l'enfant pose indéfiniment des questions, c'est parce qu'il veut découvrir le monde, et qu'il ne peut pas y parvenir tout seul, vous vous en doutez. Mais pourquoi toujours pourquoi ?

Parce que la logique naissante des bambins n'est pas la notre, celle des adultes. Quand un enfant demande : « Pourquoi il y a des bateaux ? », cela ne veut pas dire au sens strict : « Pourquoi existe-t-il des bateaux ? » ; mais « Des bateaux pour faire quoi ? » Autrement dit : « Comment on s'en sert ? »

Le comment est un concept trop compliqué à manier pour son jeune esprit. Alors il utilise « Pourquoi ». Il veut le plus souvent savoir à quoi servent les choses qui l'entourent. Il attend le point de vue de l'utilisateur ; pas celui du créateur (pas encore...).

Résumons-nous. Aux « Pourquoi » des enfants, on répond « pour que ». Aux « Pourquoi » des parents, on répond « parce que ». Quand on y parvient.

Voilà pour ce « Pourquoi ». Le dernier. Le premier aussi.

Jusqu'à preuve du contraire...

TOUJOURS A SUIVRE...

Les 130 POURQUOI supplémentaires traités à ce jour ne forment pas une liste close, bien au contraire.

Suite à votre courrier, cela devient une manie : la préparation d'un troisième tome n'est pas à exclure.

N'hésitez pas à nous faire part de vos remarques et de vos suggestions.

Si vous avez des POURQUOI, mais aussi leur réponse, envoyez-les nous avec leur documentation, ainsi que vos coordonnées.

Notre adresse :

POURQUOI
Editions J.-C. Lattès
Boîte Postale N° 247
75264 Paris Cedex 06

ENCORE MERCI...

A l'incomparable Sonia Feertchak, à la non moins indispensable Clarisse Le Friant, et à l'infatigable équipe des Éditions JC Lattès. Mais aussi à Margot Abascal, Albert Algoud, Jean Amadou, Cyril Barbé, Olivier Barrot, Gaya Bécaud, Aude Bertino, Dominique Bertrand, Jean-François Bizot, Patrice Blanc-Francard, Lisa Bresner, Cabu, Pierre-Paul Cardi, Antoine de Caunes, Centre Français d'Etudes Scientifiques, Jacques Chapus, Philippe Charquet, Nathalie Chauraud, Patrick Chêne, Virginie Clément, CNRS, Jean-Pierre Coffe, Jean-Marie Darnis, Alexandra David, DGAC, Philippe Doucet, Anne-Laure Engelhard, Sergio Escorcio, Ambassade des Etats-Unis, Europe1, FIA, Dr Stéphane Fillette, Philippe Gildas, Jean-François Halin, Georges Ifrah, INRA, Institut du Monde Arabe, Institut Pasteur, Anne-Pascale Jacomo, Anne Jean-Blanc, Marc Jézégabel, Frédéric Joignot, Philippe Labro,

Lefred-Thouron, Béatrice Le Métayer, Musée du Louvre, Jean-Pierre Lentin, Jean-Paul Marzais, Claude Maggiori, Frank Marty, Maryse, Anne-Sophie du Mesnil, Laurence Moulinier, Marie-Claire Mortreux, Jean-Louis Neboux, Nestlé, Pr Jean-Michel Olivereau, Andrew Orr, Thierry Planelle, Pierre Portal, Daniel Radford, Radio Nova, Andrea Rawlins, automobiles Renault, Anne Robin, Nicolas Roiret, RTL, Sandra Rudich, Sylvie Shannon, Daniel Schneidermann, Linda Specque, Laurence Touitou, François Siégel, Mathis Vandel, Pascale Ysebaert, Bernard Werber.

Enfin, un incommensurable merci à tous les lecteurs de la précédente édition des POURQUOI, qui m'ont apporté aide et encouragements pour l'élaboration de l'ouvrage que vous tenez entre les mains.

Et j'en oublie…

LUS ET RELUS (BIBLIOGRAPHIE)

L'Erotisme, Francesco Alberoni, Ramsay.

Anthropologie des coutumes alimentaires, Georges Armelagos & Peter Farb, Denoël.

Le Savoir-vivre, Gisèle d'Assailly et Jean Baudry, Marabout.

Industries du bois, E. Bailleul & J. Heurtematte, Technor/Delagrave.

Ainsi vivaient nos ancêtres, Jean-Louis Beaucarnot, Robert Laffont.

Toutes les Peugeot, René Bellu, Editions Jean-Pierre Delville.

Les Fourmis d'Europe occidentale et septentrionale, F. Bernard, Masson et Cie.

Le Grand Livre des abeilles, M. Biri, De Vecchi.

Un pavé dans le marketing, Henri de Bodinat, Jean-Claude Lattès.

Les Sept Merveilles, Jean-Claude Bologne, Larousse.

Les Choses de la vie quotidienne, Jérôme Bonaldi, Le Pré aux Clercs. *Dis Jérôme*, Jérôme Bonaldi, Canal + éditions/Albin Michel.

Le Cochon, Franco Bonera, Laffont/collection Totem.

De la paume au tennis, Guy Bonhomme, Découvertes/Gallimard.

Le Guide du rock, Philippe Bouchey, Syros Alternatives.

Dictionnaire des superstitions et des croyances, Pierre Canavaggio, Dervy.

Bronzer, guide du bronzage, Dr Michel Canesi & Christine de Rentières, Pierre Horay éditeur.

Les Mots et la Chose, Jean-Claude Carrière, Le Pré aux Clercs.

Anatomie et physiologie humaines appliquées à la plongée, Dr J.-L. Carsac, Amphora.

La Météo, questions de temps, René Chaboud, Nathan.

La Face cachée de la France, Jean-Paul Clébert, Seghers.

L'Etat des religions dans le monde, sous la direction de Michel Clévenot, La Découverte/Le Cerf.

La Maîtrise de soi-même par l'autosuggestion consciente, Emile Coué, Renaudot & Cie.

La Grande Histoire du Whisky, James Darwen, Flammarion.

La Fille de Carmen, D. Deylat-Roulette, GCI.

Dictionnaire des noms de lieux, Louis Deroy & Marianne Mulon, Le Robert.

Paradoxes et problèmes, John Donne, Allia.

Peugeot, reine d'Afrique, William Dozza, Alfredo Filippone & Franco Carmignani, E.P.A. éditions.

Grand inventaire du génie français, Jérôme Duhamel, Albin Michel.

Guide pratique de la vie du couple, Dr David Elia & Dr Jacques Waynberg, Filipacchi.

Merchandising, A. Fady & M. Seret, Vuilbert Gestion.

Imponderables, David Feldman, Quill/New York.

Other Imponderables, David Feldman, Harper Perennial/New York.

Dictionnaire de la bande dessinée, Henri Filippini, Bordas.

Chiens de race, F. Fiorone, De Vecchi.

Quid 1993, Dominique et Michèle Frémy, Robert Laffont.

Les Géraniums, Laura Fronty, La vie en vert/Rustica.

Cheveux, toisons et autres poils, Luisa Futoransky, Presses de la Renaissance.

La Révolution française, Jacques Gadechot, Perrin.

L'Etymo-jolie, Bernard C. Galey, Tallandier.
Larousse médical, sous la direction du Dr Galtier-Boissière, Larousse.

Dictionnaire de la Bible, André-Marie Gérard, Bouquins/Robert Laffont.

Le Livre mondial des inventions 1994, Valérie-Anne Giscard d'Estaing, C°12/Fixot.

Le Livre d'or des noms de famille, Pierre-Gabriel Gonzalez, Marabout.

Le Cerveau, un inconnu, Université d'Oxford, sous la direction de Richard L. Gregory, Bouquins/Robert Laffont.

Le Noir de la nuit, Edward Harrison, Seuil.

Cours complet de dactylographie, A. Hautefeuille, Classiques Hachette.

Histoire universelle des chiffres, Georges Ifrah, Bouquins.

Le Dictionnaire des mythes, Nadia Julien, Marabout.

Le Guide de la jeune mère, Léon Kreisler, Editions E.S.F.

DATA, données, analyses, tendances, actualité, sous la direction de Jean-Claude Lamy, Larousse.

Nelson, Jacques Langlade, Presses de la Renaissance.

Dictionnaire des vins, Larousse/collection Références.

Le Livre de Noël, Françoise Lebrun, Robert Laffont.

Optique physiologique, Yves Le Grand, Éditions de la Revue d'optique.

La Révolution pop dans l'Angleterre des années

60, Bertrand Lemonnier, La Table Ronde.

Je pense, donc je me trompe, Jean-Pierre Lentin, Albin Michel.

Le Shar-Pei, Jean-François Marty, De Vecchi.

Le Son, J. Matrat, Que sais-je ?/PUF.

Cuisine et molécules, Jean Matricon & Daniel Riberzani, Echos/Hachette.

Francoscopie, Gérard Mermet, Larousse.

Les Pratiques culturelles des Français, Ministère de la culture et de la communication, La Découverte/La Documentation Française.

Théorie du bordel ambiant, Roland Moreno, Livre de Poche.

Le Chat révélé, Desmond Morris, Calmann-Lévy.

Le Chien révélé, Desmond Morris, Calmann-Lévy.

Le Singe nu, Desmond Morris, Grasset.

Les Liturgies de la table, Léo Moulin, Albin Michel.

Encyclopédie de l'automobile, adaptation française de Marc Muylaert, Gründ.

Les Pelargoniums à feuillage odorant, Diana O'Brien, traduit par Claude Trivulce, Société d'Horticulture du Cher.

La Douane de mer, Jean d'Ormesson, Gallimard.

Les Superstitions populaires, Alexandra de Panafieu, Jacques Grancher.

L'Origine merveilleuse des choses de tous les jours, Charles Panati, First.

Dictionnaire des couleurs de notre temps, Michel Pastoureau, Bonneton.

La Bourgeoisie, Régine Pernoud, Que sais-je ?/PUF.

Guide du savoir-vivre international, Dominique Perrin & Brigitte du Tanney, Hermé.

L'Encyclopédie mondiale des oiseaux, sous la direction du Dr Christopher M. Perrins, Bordas.

Dans les beaux quartiers, Michel Pinçon & Monique Pinçon-Charlot, L'Epreuve des Faits/Seuil.

Le Faux parler, Jean-Luc Porquet, Balland.

Dictionnaire du fantastique, Alain Pozzuoli & Jean-Pierre Krémer, Grancher.

Quality, objets d'en face, Bernard Rapp, Editions du May.

Dictionnaire historique de la langue française, sous la direction d'Alain Rey, Editions Le Robert.

Le Chat, Dr Rousselet-Blanc, Larousse.

Rolls-Royce, Fabien Sabates, Ch. Massin éditeur.

Histoire imprévue des dessous féminins, Cécil Saint-Laurent, Herscher.

Les Sorcières, fiancées de Satan, Jean-Michel Sallmann, Découvertes/Gallimard.

La Grande Encyclopédie du monde animal, (collectif), Editions Sedes.

Les Oiseaux, (collectif), Stock.

Les Secrets de la casserole, Hervé This, Belin.

Histoire de l'Humanité, sous l'égide de l'UNESCO (9 volumes), Robert Laffont.

Dictionnaire du comportement animal, Université d'Oxford (sous la direction de David McFarland), Robert Laffont.

La Vie des plus grands peintres, sculpteurs et architectes, Giorgio Vasari, Arts Berger-Levrault.

Histoire des institutions publiques de la France (de 1789 à nos jours), Pierre Villard, Mementos Dalloz.

Biologie des passions, Jean-Didier Vincent, Odile Jacob.

Le Développement de l'intelligence chez l'enfant, Bernard Voizot, Armand Colin.

Les Fourmis, Bernard Werber, Albin Michel.

La République bourgeoise de Thermidor à Brumaire, Denis Woronoff, Points Seuil.

PRINCIPAUX PÉRIODIQUES ET REVUES CONSULTÉS

Actes de la Recherche en Sciences Sociales, Actuel, Aujourd'hui, L'Autre Journal, Autrement, A-Venir, Biba, Les Cahiers du Cinéma, Ça m'intéresse, Capital, 50 Millions de Consommateurs, Courrier International, Les Dossiers du Canard, Les Dossiers du Monde, Les Echos, Elle, L'Événement du Jeudi, L'Expansion, L'Express, Le Figaro, Filière-Viande, France-Soir, Globe, Historia, L'Illustration, InfoMatin, Les Inrockuptibles, Le Journal du Dimanche, Libération, Lire, Lui, Marie-Claire, Le Monde, Notre Histoire, Ouest-France, Le Quotidien du Médecin, Le Quotidien de Paris, Le Parisien, Pèlerin Magazine, Le Point, Pour la Science, La Recherche, Réponse à Tout, Sciences et Avenir, Sciences et Vie, Les Temps Modernes,30 Millions d'Amis, La Vie du Rail, VSD.

ENCORE DES POURQUOI.

Cet ouvrage a été réalisé par la
SOCIÉTÉ NOUVELLE FIRMIN-DIDOT
Mesnil-sur-l'Estrée
pour le compte des Éditions Lattès
en septembre 1994

Imprimé en France
Dépôt légal : septembre 1994
N° d'édition : 94205 – N° d'impression : 28188